Mobbing

Le harcèlement en entreprise :
victoire ou défaite de l'employeur ?

Éditions d'Organisation

Groupe Eyrolles

1, rue Thénard

75240 Paris cedex 05

www.editions-organisation.com

www.editions-eyrolles.com

© Groupe Eyrolles, 2011
ISBN : 978-2-212-54954-6

GABRIELLA WENNUBST

Mobbing

Le harcèlement en entreprise :
victoire ou défaite de l'employeur ?

EYROLLES

Éditions d'Organisation

« *Les barbares de l'intérieur du pays sont de plus en plus accessibles à la civilisation et abandonnent la guerre.* »

Strabon, *Géographies*, livre IV, 1.5, Paris, Belles Lettres

Nel mezzo del cammin di nostra vita (À la moitié du chemin de notre vie)
Mi ritrovai per una selva oscura (Je me trouvais égaré dans une forêt obscure)
Che la diritta via era smarrita. (Que le droit chemin était perdu.)
Ah quanto a dir qual era è cosa dura (Ah, raconter ce que cela fut est chose dure)
Esta selva selvaggia e aspra e forte (Cette forêt sauvage et âpre et forte)
Che nel pensier rinova la paura ! (Dont la seule pensée renouvelle l'effroi !)
Tant'è amara che poco è più morte ; (Si amère qu'à peine plus est la mort ;)

Dante, *La Divina Commedia, Inferno, canto primo*
(La Divine Comédie, « Enfer », chant premier)

SOMMAIRE

Introduction

Le mot « mobbing », comme nous le verrons en détail dans le troisième chapitre de cet ouvrage, désigne une répétition d'actes hostiles (harcèlement) par un ou des auteurs tendant à isoler, marginaliser, éloigner ou exclure la victime d'un cercle de relations données, voire à la neutraliser. Cette stratégie se caractérise par l'adoption par le ou les « mobbeur »(s) d'une communication non éthique et d'un report de responsabilité sur la victime.

Cette forme de harcèlement psychologique ou moral parmi d'autres ne doit plus être un tabou. Cet ouvrage a comme but d'informer. Informer le public en général, puisque le mobbing prend place dans toutes les sphères de la vie. Informer employeurs, travailleurs, avocats, juges, médecins, lorsque le mobbing intervient sur le lieu de travail. Être orienté en matière de harcèlement, dans ses formes spécifiques comme le « mobbing », le « stalking », le « harcèlement-perversion » ou le « bullying » (voir le septième chapitre) devrait faire partie du bagage général des connaissances, puisque personne n'en est à l'abri. Définir correctement une notion permet de diagnostiquer correctement une situation, aidant ainsi à la traiter de manière adéquate.

J'ai tronqué à dessein la citation de Dante en page précédente, tant ses vers évoquent dans mon esprit la descente aux enfers vécue par certaines victimes de mobbing. Dante toutefois poursuit ainsi :

Ma per trattar del ben ch'io vi trovai (Afin de pouvoir traiter du bien que j'y ai trouvé)

Dirò dell'altre cose ch'i vh'ho scorte (Il me faut raconter les autres choses que j'y ai vues.)

C'est ainsi qu'après avoir souffert, certaines victimes ont vu leurs droits reconnus et leur préjudice réparé ; de plus en plus d'employeurs font appel à des conseils avisés pour mieux comprendre la réelle nature des événements en cours dans leur entreprise et chercher à y remédier. Mais, comme Dante, avant de pouvoir traiter des aspects positifs, il nous faudra examiner « *les autres choses que j'y ai vues* ».

Cet ouvrage comporte huit chapitres dont le contenu a été élaboré au fil du temps. En voici le détail :

⬧ tour d'horizon du mobbing ;

⬧ la communication non éthique et le report de la responsabilité sur la victime ;

⬧ la définition précise du mobbing ;

⬧ l'identification et les situations de mobbing ;

⬧ une approche fortement vulgarisée des droits et obligations de l'employeur en droits français et suisse ;

⬧ un modèle de dispositif de gestion des conflits et de prévention du harcèlement en entreprise ;

⬧ le lexique des termes usités pour mener un diagnostic différentiel ;

⬧ des conseils pratiques, des adresses utiles et une bibliographie exhaustive.

Le contrat de travail est parmi les contrats les plus utilisés au monde. L'importance psycho-sociale et économique que revêt l'activité professionnelle dans la vie de l'être humain est immense. Les coûts de la souffrance au travail sont statistiquement énormes. Ainsi, de 3,5 % à 7,5 % des salariés seraient victimes d'une forme de harcèlement au travail.

Nous avons encore tous à l'esprit les suicides intervenus chez France Télécom. Bruno Diehl et Gérard Doublet, dans leur ouvrage *Orange : le déchirement. France Télécom ou la dérive du management*[1], retiennent quarante-six suicides de janvier 2008 à mars 2010. Le quotidien *Le Monde*, dans son édition du 10 septembre 2010, se basant sur des chiffres fournis par les syndicats, évoque dix-sept suicides en 2008, dix-huit en 2009 et vingt-trois de janvier à septembre 2010, nombre auquel il faut ajouter seize tentatives.

---

1. Diehl, B., Doublet, G., 2010, p. 9.

Force est de se demander quels facteurs cumulés ont permis une telle hécatombe. En général, en matière de suicide, les employeurs suggèrent l'existence de « *facteurs personnels* » étrangers à l'entreprise. Pour tenter de comprendre, j'ai suivi avec intérêt les interviews de certains cadres de cette entreprise et lu les témoignages de Yonnel Dervin, publié dans son ouvrage *Ils m'ont détruit*[1], et de Vincent Talaouit, publié dans son livre *Ils ont failli me tuer*[2] sur lesquels nous reviendrons dans le chapitre 4. Suite à sa privatisation en 1997, France Télécom a entrepris une profonde restructuration qui prévoyait de se délester de vingt mille membres du personnel. Selon les témoignages de Yonnel Dervin et de Vincent Talaouit, parmi les techniques utilisées figurait celle du « faire du moins », moyennant des gratifications pour les cadres entre 1 000 et 1 400 euros par personne licenciée. Pour l'heure, il faut retenir que suite au dépôt d'une plainte par le syndicat de France Télécom, le rapport élaboré par l'Inspection du travail, Section 15 A de Paris[3], a été transmis le 4 février 2010 au Procureur de la République de Paris au sens de l'art. 40 du Code de procédure pénale pour infraction aux dispositions de l'article 223-1 du Code pénal (mise en danger d'autrui du fait de la mise en œuvre d'organisations du travail de nature à porter des atteintes graves à la santé des travailleurs) et des articles L. 1152-1 et L. 1152-2 du Code du travail (méthodes de gestion caractérisant le harcèlement moral). Le 8 avril 2010, le parquet de Paris a ouvert une information judiciaire. La position publique assumée par les mandataires de France Télécom consiste actuellement à admettre une réorganisation de l'entreprise, mais à rejeter toute allégation de harcèlement[4]. La procédure judiciaire étant en cours, il sied de garder à l'esprit qu'autant la personne morale que les personnes physiques mises en cause bénéficient de la présomption d'innocence.

© Groupe Eyrolles

---

1. Dervin, Y., 2009.
2. Talaouit, V., 2010.
3. Ministère du Travail, Inspection du travail, section 15 A, Paris, signalement au Procureur de la République, 4 février 2010.
4. Télévision Suisse Romande, « TJMidi », 26 avril 2010.

En dix ans de pratique en qualité d'avocate au barreau, je constate que si beaucoup a été fait en matière de harcèlement en général et de mobbing en particulier, beaucoup reste néanmoins à faire. Il me paraît ainsi indispensable qu'il soit veillé à :

▸ Différencier clairement les différentes formes de harcèlement psychologique ou moral et à adopter en particulier une définition de mobbing efficace, pertinente et opérante en droit. En France, par exemple, la définition de harcèlement moral adoptée à *l'article L. 1152-1 (anciennement* art. L. 122-49) du Code du travail est actuellement objet de discussions (voir le chapitre 3). En Suisse, la question de la définition du mobbing soulève encore débats et critiques (voir le chapitre 3).

▸ Conférer une réelle efficacité à l'action de mesures provisoires ou définitives en cessation d'atteinte, théoriquement un outil parfait mais en pratique relativement inopérant[1].

▸ En entreprise, former de manière solide les employeurs, cadres, représentants des ressources humaines et employés.

▸ En société, former les juges, médecins, psychologues, avocats et syndicalistes.

▸ Faire adopter par les entreprises des dispositifs en prévention d'atteintes (règlement de conflits, diagnostic précoce du mobbing et des autres situations portant atteinte à la personnalité du personnel) et bannir tous les dispositifs alibis.

---

1. Voir par exemple, pour la France, Patrice Adam, 2007.

▶ En droit pénal, clarifier par la jurisprudence la portée des dispositions applicables.

À SAVOIR

La France s'est dotée d'une disposition spécifique par l'art. 222-33-2 du Code pénal (Partie législative, section 3 bis : du Harcèlement moral) : « *Le fait de harceler autrui par des agissements répétés ayant pour objet ou pour effet une dégradation des conditions de travail susceptible de porter atteinte à ses droits et à sa dignité, d'altérer sa santé physique ou mentale ou de compromettre son avenir professionnel, est puni d'un an d'emprisonnement et de 15 000 euros d'amende* » (inséré par la loi n° 2002-73 du 17 janv. 2002, art. 170 *Journal officiel* du 18 janv. 2002). Voir par exemple l'arrêt rendu par la cour d'appel de Nîmes du 13 juin 2008 condamnant à des peines de prison avec sursis trois infirmières et une aide-soignante reconnues coupables de harcèlement moral à l'encontre de leur hiérarchie.

Employeur et travailleur sont les deux faces d'une même médaille : l'un ne peut rien sans l'autre et les deux représentent les fondements de notre économie. S'il est vrai que le nombre de travailleurs est plus élevé que celui des employeurs, et que ces derniers possèdent ainsi le privilège du choix, il est certain en revanche que l'employeur aurait tout avantage, d'un point de vue économique, à gérer son entreprise en respectant la personnalité de chaque membre de son personnel.

Analyser le mobbing au travail amène ainsi à examiner le rôle joué par l'employeur dans la gestion de son entreprise. Il demeure une source d'interrogation : pourquoi certains employeurs sont-ils encore réticents à se pencher sur cette question ? Bien souvent, des travailleurs me disent : « *L'ancien patron était dur, mais juste.* » Ce n'est donc pas l'exercice du pouvoir de direction qui gêne le salarié, mais l'usage arbitraire de celui-ci. C'est la confiance rompue qui entraîne dans son sillage méfiance et ressentiments.

L'existence du mobbing en entreprise est-elle donc un symptôme de victoire ou de défaite du pouvoir de direction de l'employeur ?

Ma pratique me permet d'observer que les procédures judiciaires, au surplus longues et dispendieuses, impliquent un coût humain très élevé pour la partie plaignante, mais également pour la partie défenderesse la plus endurcie. Nombre de dossiers pourraient, à mon avis, être rapidement réglés par un dialogue humain et véritablement intelligent autour d'une table de réunion. Je retiens en effet, qu'en règle générale, les victimes de mobbing n'aspirent qu'à la reconnaissance de l'atteinte et par là même à la réintégration dans leur dignité humaine et au rétablissement du sentiment de justice. La sanction du « mobbeur » fait encore souvent défaut.

En attendant la levée de ce dernier tabou, il serait opportun qu'employeurs et victimes mobilisent les ressources du dialogue et de la négociation dans le but de trouver ensemble une issue positive à ces dossiers. Que de souffrances et de coûts seraient ainsi épargnés à l'individu, à l'entreprise et à la société !

© Groupe Eyrolles

CHAPITRE 1

Tour d'horizon général, contenu et mécanismes

Comme nous l'avons vu en introduction, le mobbing désigne une forme spécifique de harcèlement psychologique ou moral parmi d'autres, comme le bullying, le « harcèlement-perversion », le stalking ou les formes de manipulation qui prennent l'allure du harcèlement. Ces diverses formes de harcèlement se différencient non seulement par leur définition et par leur finalité, mais surtout par les moyens de s'en défendre, qui sont spécifiques à chaque forme et qui nécessitent une approche de réflexion différente.

En France, on emploie l'expression généraliste « harcèlement moral » sans procéder à d'autres distinctions. Depuis quelque temps toutefois, certaines associations de défense contre le harcèlement dans le cadre de la sphère privée nuancent mieux le concept en utilisant également les termes de « harcèlement-perversion[1] » et de stalking (voir les chapitres 3 et 7).

Hormis en France, le terme « *mobbing* » est couramment utilisé en de nombreux pays, comme la Suisse, l'Italie, les États-Unis, l'Allemagne, la Grande-Bretagne, le Canada, etc. Au-delà de la question

---

1. Voir la présentation d'un cas de perversion dans le cadre des liens du mariage décrit par Marie-France Hirigoyen, 1998, p. 39-47. Pour une introduction au sujet du pervers narcissique, voir les ouvrages de Bergeret, J., 1996 ; Bouchoux, J.-C., 2010 ; Eiguer, A. 1996.

du mot utilisé, les mécanismes du mobbing sont identiques partout à travers le monde. En revanche, se priver du terme « *mobbing* » revient à se priver d'un savoir et de connaissances indispensables en la matière.

Un phénomène vieux comme le monde

La diffusion dans les années 1990 des travaux de Heinz Leymann, un chercheur allemand en psychologie du travail qui a mené ses recherches en Suède, a véhiculé avec elle l'information, ou la croyance, que le mobbing était un phénomène nouveau et lié tout particulièrement au monde du travail. Cela était dû au fait que l'essentiel des travaux de Heinz Leymann portait en effet sur des recherches menées en entreprise. Cependant, ce chercheur lui-même n'a jamais cantonné le mobbing au seul monde du travail.

En réalité, il s'agit d'un phénomène vieux comme le monde qui intéresse tous les aspects de la vie, des activités professionnelles aux engagements politiques, de la vie de famille aux rapports de voisinage, du monde de la prime enfance[1] à celui de l'école, de l'armée à l'église et même jusqu'à l'univers des loisirs.

J'ai lu avec intérêt ce passage de l'ouvrage de l'essayiste et historien français d'origine bulgare Tzvetan Todorov, *Nous et les autres*[2] : « *J'ai fait la connaissance avec le mal pendant la première partie de ma vie, alors que j'habitais dans un pays soumis au régime stalinien. Une connaissance progressive : dans les premières années de la guerre j'étais trop jeune pour bien comprendre la nouvelle de la soudaine disparition de tel parent ou ami de la famille, de son installation forcée dans quelque petite ville de province ou de la diminution rapide de ses ressources. […]. Les choses se brouillèrent fin 1948, quand d'autres amis de mes parents, appartenant au même milieu qu'eux, se trouvèrent en prison, ou qu'on en disait du mal dans les journaux (que j'étais alors en mesure de lire), ou quand mon père commença à avoir des ennuis à son travail.* »

---

1. Institut de psychologie de l'université de Berne, Suisse, recherches menées par le professeur Françoise Alsaker, 2009. Pour une bibliographie, essentiellement en langue allemande, voir le site de l'université de Berne, Suisse : www.entwicklung.psy.unibe.ch/content/team/fa/.
2. Seuil, 1989, « Avant-propos », p. 7.

Il ne s'agit peut-être que de déformation professionnelle, mais il est vrai que l'évocation de l'éloignement de certaines personnes dans de petites villes de province, de leur discrédit dans les journaux ou de la dégradation de leurs conditions de travail, m'interpelle. De plus, cela fait bien longtemps que les tribunaux s'occupent de mobbing sans le savoir.

Il est donc possible de revisiter un certain nombre d'anciens jugements à la lumière des récentes « découvertes » sur le mobbing, c'est-à-dire une forme de persécution psychologique perpétrée à l'aide d'une communication non éthique visant l'isolement, voire l'exclusion d'une personne d'un groupe déterminé et d'un cercle de relations donné.

La décision de justice[1] suivante, rendue en 1977, offre, à mon sens, les éléments caractéristiques d'une situation de mobbing : une coalition inexpliquée de collègues de travail, des pressions exercées par celles-ci sur l'employeur, une complicité entre l'employeur et lesdites collègues, des difficultés financières de ce dernier, l'exigence de l'accomplissement d'une tâche inexécutable, le tout corsé par une sorte de rejet social.

EN PRATIQUE

Juste motif de résiliation du contrat avec effet immédiat par le travailleur ; création, par l'employeur, de circonstances excluant la poursuite des rapports de travail (CA, XII, 26 sept. 1977, Suisse).
Après une interruption, T. devait reprendre son travail de jardinière d'enfants à la crèche X au début de janvier 1977, conformément à un accord conclu avec E. Éprouvant de sérieuses difficultés financières, E. n'avait en réalité pas l'intention de reprendre T. à son service, malgré le contrat. Début janvier 1977, E. déclara à T. que les autres membres du personnel refusaient de collaborer avec elle et ne reviendraient pas travailler si elle-même s'y présentait. E. exhiba une pétition de parents d'élèves, selon laquelle ces derniers
…/…

---

1. Aubert, G., 1984, n° 279, p. 162. Voir aussi : Jar, 1994, p. 158 et les arrêts auxquels on renvoie dans ce texte. Le terme « *mobbing* » est cité en toutes lettres dans deux arrêts du Tribunal des prud'hommes de Genève, cause n° IX/798/96 et cause n° VIII/876/ 93 (non publiés), les deux cas n'ayant d'ailleurs pas été retenus comme étant du mobbing.

…/…

n'entendaient plus confier leurs enfants à la crèche si T. y revenait. T. refusant de renoncer au contrat (malgré une proposition d'arrangement), E. l'invita à reprendre son travail le 11 janvier 1977 à 7 heures, étant toutefois entendu qu'elle se trouverait seule au poste pour assumer toutes les charges. Or, il n'est matériellement pas possible pour une femme seule d'assumer les tâches d'une crèche en s'occupant de dix à douze enfants, surtout s'il faut conduire une partie des élèves à l'école tandis que les petits restent à la crèche. Étant donné ces circonstances, T. refusa de reprendre son travail le 11 janvier et réclama le paiement de son salaire afférent au délai de congé.

E. avait créé un climat psychologique tel que T. ne pouvait manifestement pas accepter de reprendre son travail dans ces circonstances. On ne saurait demander à une éducatrice d'assumer la charge d'enfants dans des conditions impossibles, après lui avoir fait comprendre qu'elle avait perdu la confiance de tous ses collègues et des parents. Aucune explication sur l'origine de la pétition de ces derniers ni sur l'attitude des collègues de travail n'avait pu être donnée. Le dossier révéla, au contraire, des éléments très favorables sur la personnalité et les compétences de T.

Peut-être aurait-il été préférable que T. se présente à son travail le matin du 11 janvier, mais il était difficile, humainement parlant, d'exiger d'elle un tel effort. Il faut donc imputer à E. la rupture abrupte du contrat. Le refus de T. de se présenter à son travail le 11 janvier ne saurait être interprété comme une démission de sa part ; il s'agissait, en fait, d'un licenciement.

Les agissements de l'employeur, qui ont instauré un climat psychologique ingérable, ont abouti à un licenciement avec effet immédiat justifié au sens de l'art. 337 du Code des obligations suisse[1] de la part du travailleur.

L'issue de ce cas est aussi en tout point conforme à ce qui se produit très fréquemment en matière de mobbing : la perte de l'emploi.

---

1. Au moins, à en croire le chapeau de l'arrêt en question.

Origine du terme « *mobbing* »

Le terme « *mobbing* » vient de l'anglais « *mob* », qui signifie « foule », « masse », « cohue » et plus précisément du verbe « *to mob* » : « *Partie désordonnée et séditieuse de la population, populace, racaille ; une réunion de populace ; foule tumultueuse ayant un penchant pour, ou pouvant être incitée à, des actes d'anarchie ou d'outrage. Plus récemment dans le domaine de la psychologie sociale.* »[1] Enfin, « mobbing » désigne « *l'action d'une foule. S'assembler en foule ; l'action d'une foule assaillant une personne* »[2]. Il faut donc retenir d'une part l'aspect *collectif* et d'autre part la connotation *d'agressivité* liée à des rassemblements de cette nature.

Dans ce même dictionnaire, toujours pour mobbing, on trouve encore cette annotation : « *En particulier dans le domaine du comportement des oiseaux, sorte de manifestation où un groupe de petits oiseaux se rue contre un prédateur [...] ou vole en rang serré contre l'objet de leur apparente agression.* »[3]

Qui n'a jamais observé (et surtout entendu) à la saison des nids ce déploiement spectaculaire de manifestations agressives d'oiseaux à l'encontre d'un prédateur s'approchant trop des petits ? Mais que viennent-ils faire dans cette galère, les oiseaux ? Manfred Rehbinder, docteur en droit suisse, remarque que le concept de mobbing nous vient en fait de l'éthologie et qu'il fut en premier défini par Konrad Lorenz (1963), célèbre biologiste et zoologiste autrichien, titulaire du prix Nobel de physiologie/médecine en 1973, décrivant

---

1. *The Oxford English Dictionary*, Claredon Press, 1989, p. 927 : « *The disorderly and riotous part of the population, the roughs, the rabble; an assemblage of the rabble; a tumultuous crowd bent on, or liable to be incited to, acts of lawlessness and outrage. More recently also spec. in Social Psychol.* » À noter aussi : E.S. Bogardus, *Fund. Social Psychol*, 1931, 2e éd., XXV 315 : « *A mob is a crowd in a very high state of suggestibility.* » G.R. Leslie *et al.*, *Order and Change: Introd. Social*, 1973, XI 289 : « *Although scientific interest in mobs and riots as mechanisms of social change is relatively new, the phenomena themselves have existed throughout history.* »
2. *The Oxford English Dictionary*, p. 929 : « *The action of mob. Gathering in crowds; the action of a mob in assailing a person.* »
3. *The Oxford English Dictionary*, p. 929: « *Esp. in bird behaviour, a type of display in which a group of small birds engages to drive off a predator, or a similar kind of display exhibited by one or two birds, in which they fly close to the object of their apparent aggression.* »

par ceci l'attaque d'un groupe d'animaux contre un intrus[1] (voir le chapitre 3).

On peut donc retenir, outre les éléments de collectivité et d'agressivité, un troisième élément, à savoir le but de cette agressivité et notamment l'*éloignement* d'un intrus. Pour ma part, et nous y reviendrons par la suite, j'y décèle un quatrième élément à relever et c'est dans ce tout dernier mot, « intrus », que se trouve, vraisemblablement, la clé réelle de compréhension du phénomène de « mobbing ».

Les petits oiseaux nous enseignent donc, pour l'instant, que le mobbing est une manifestation collective ou individuelle d'agressivité visant à éloigner un intrus perçu comme une menace.

Une agression caractérisée

Un des aspects sinon les plus tragiques du moins des plus inconfortables du mobbing pour la victime réside, au-delà de ses conséquences, dans un troublant non-sens : un être humain, à première vue normalement intégré dans un groupe, est pris soudainement et sans motif clairement défini comme cible d'une stratégie laissant une large place à une dynamique apparemment irrationnelle qui lui signifie un message de rejet. Cette effrayante énigme participe pour beaucoup de la détresse de la victime.

Toutefois, une énigme n'est plus un mystère si on en trouve la clé. Encore faut-il espérer que celle-ci puisse ouvrir la porte non seulement à la compréhension du mystère mais aussi à des solutions. Sans cela, le mobbing restera un phénomène, élucidé certes, mais toujours effrayant.

Yvette Barbier[2], médecin suisse, définit le mobbing comme étant une « *situation de communication non éthique caractérisée par la répétition, de la part d'une ou plusieurs personnes, d'agissements hostiles dirigés systématiquement contre un individu qui développe en réaction de graves problèmes physiques ou psychologiques. Le mobbing est un processus destructeur qui peut entraîner l'invalidité permanente, voire la mort de la victime* ».

---

1. Rehbinder, M., 1997, p. 156.
2. Barbier, Y. (manuscrit), 1994, p. 5.

Or, la communication est le fondement de toute relation humaine et donc le moyen par excellence d'intégration sociale. Le mobbing, en raison de l'emploi par le « mobbeur » d'une « forme de communication non éthique », imposée unilatéralement et abusivement à l'autre, qui dénature ou empêche la relation communicative dans le but de léser (en minorisant, déstabilisant, isolant, excluant) la cible, touche ainsi directement aux capacités d'intégration d'un individu dans une communauté donnée (voir aussi chapitre 2) .

EN PRATIQUE

Gertrude, une très belle jeune femme d'une trentaine d'années, était mannequin avant de revenir à son métier de dessinatrice industrielle. Elle partage son bureau avec une femme et trois collègues masculins. Nouvelle dans l'équipe, au début, elle ne s'inquiète pas qu'ils ne l'invitent pas à déjeuner avec eux. Petit à petit, elle réalise que ses collègues ne l'aiment pas, la femme surtout, qui l'agresse avec des remarques déplaisantes sur sa ligne, ce qui a le don de faire rire les hommes. Ces inepties se multiplient. Gertrude prend son courage à deux mains et interroge ses collègues sur leur attitude lors d'une pause-café. La femme réplique : « *Mais c'est toi qui as voulu garder tes distances, avec tes allures de mannequin. Tu n'as pas peur de tacher ta robe ?* » Les hommes rient à cette remarque. Un jour, Gertrude croit entendre ses quatre collègues parler d'un tiers ; elle réalise soudain qu'ils parlent d'elle et de son travail. Ils le font en sa présence, comme s'il s'agissait d'une tierce personne, de surcroît de sexe masculin : « Est-ce qu'*il* a fini son dessin ? Va *le* voir et vérifie. » À partir de là, ses collègues ne s'expriment plus que de cette manière : à la troisième personne et au masculin. Gertrude finit par donner sa démission[1].

Le mérite de la décodification du phénomène, « vieux comme le monde » et touchant comme nous l'avons dit tous les domaines de la vie sociale, revient donc à Heinz Leymann, considéré comme le

---

1. Leymann, H., 1996, p. 23 et suivantes.

pionnier du mobbing, dont les observations ont été confirmées, critiquées et complétées par de nombreux autres auteurs.

Appelé à enquêter sur les conditions et les rapports de travail au sein d'entreprises et d'administrations, Heinz Leymann a découvert que certains travailleurs classés comme difficiles (perturbateurs, ergoteurs, querelleurs, souvent en congé maladie) et auxquels on attribuait la responsabilité de la dégradation du climat de travail, n'étaient pas en réalité à l'origine des tensions conflictuelles constatées au sein de l'entreprise, mais bien, au contraire, victimes de celles-ci. Leur comportement constituait, en fait, une réaction de défense désespérée et inefficace à une situation d'agression ressentie comme injuste et discriminatoire, dont les tenants et les aboutissants échappaient à leur compréhension.

Heinz Leymann a découvert en effet que ces attitudes réactives étaient induites par des comportements délibérément hostiles de l'entourage professionnel « *visant à déclencher l'anxiété de la victime, à provoquer chez elle une attitude défensive, elle-même génératrice de nouvelles agressions. En quelque sorte, les premières agressions stigmatisent la victime et la destinent au rejet et à l'exclusion*[1] ». Bref, c'est une situation génératrice de conflits, de tensions et de stress qui crée une pathologie et non une pathologie préexistante qui crée une situation de conflit. Le comportement perturbé de certains travailleurs est ainsi une conséquence et non la cause d'un conflit, déclenché en réalité par le ou les « mobbeur »(s).

En en dévoilant les mécanismes, Heinz Leymann a contribué à établir et à recentrer le point fondamental du mobbing : qui est la victime et qui est l'agresseur[2]. Du scénario initial qui cantonnait doublement la cible du mobbing dans un rôle de victime puisqu'elle était érigée en agresseur, et qui focalisait la responsabilité de la détérioration de relations interpersonnelles sur sa personnalité, on aboutit désormais à un scénario tout autre, capable de reconnaître que ces prétendues défaillances de caractère ne sont qu'une réaction de protection contre la violence première d'un entourage[3].

---

1. Leymann, H., 1996, p. 13.
2. Leymann, H., 1996, p. 18 : « *Ce qui est nommé devient distinct, identifiable et par là même compréhensible.* »
3. Leymann, H., 1996, p. 18.

Le mobbing existe dans tout groupe humain et à tout niveau social. Il s'agit d'une *agression* dont les termes choisis par les différents auteurs afin d'en qualifier la nature – psycho-terreur, guerre psychologique, harcèlement psychologique, harcèlement moral, persécution psychologique – en soulignent la gravité.

Cette agression se caractérise, de manière plus ou moins subtile, par une *manipulation* de la communication. Et puisque la communication est la base de toute relation, en en dénaturant la base, on dénature rapidement la relation : « [...] *Le* mobbing *est un processus de destruction ; il est constitué d'agissements hostiles qui, pris isolément, peuvent sembler anodins, mais dont la répétition constante a des effets pernicieux. Le concept de* mobbing *définit l'enchaînement sur une assez longue période de propos et agissements hostiles exprimés ou manifestés par une ou plusieurs personnes envers une tierce personne (la cible)*[1]. » « *La répétition [...] de ces agissements suffit [...] à déstabiliser, à angoisser la victime, à la briser et à l'exclure*[2]. »

Ou encore, de manière plus concise, selon Heinz Leymann, le mobbing consiste en « *des actes de communication négatifs dirigés contre une personne (par une ou plusieurs autres), actes se reproduisant très souvent et sur une longue période et qui caractérisent la relation entre auteur et victime*[3] ».

Les éléments constitutifs du mobbing

On peut déjà retenir les éléments suivants :

- une communication négative, non éthique ;
- une répétition, une systématisation d'actes négatifs, hostiles, voire agressifs ;
- des actes qui s'installent dans la durée ;
- ayant pour conséquence de porter atteinte, directement, à la santé psychique et physique de la victime ;
- et visant à l'isolement, voire l'éloignement de la victime d'un cercle donné de relations.

---

1. Leymann, H., 1996, pp. 26-27.
2. Leymann, H., 1996, p. 28.
3. Leymann, H., 1993, p. 21, traduction du texte original allemand par Wennubst, G. Voir aussi toutes les définitions recensées par Willimann, M., 1997, p. 5.

Selon différents auteurs, ce sont la répétition et la durée dans le temps qui distinguent le mobbing de formes d'agressivité ponctuelles. Pour ma part, je crois qu'il suffit d'un seul acte, le premier, commis dans l'intention de faire du mobbing, pour que l'on puisse parler de mobbing, les critères de durée et de fréquence n'étant ainsi pas pertinents pour le définir (voir le chapitre 3).

Heinz Leymann a retenu qu'il fallait une durée de six mois et une fréquence hebdomadaire des actes hostiles pour pouvoir parler de mobbing. Des auteurs contemporains à ce dernier, comme Herry Walter, psychologue allemand, et Berndt Zuschlag, psychologue allemand, ont immédiatement contesté ces critères. Si leur opinion n'a pas été encore reprise dans la doctrine en langue française, cela est simplement dû au fait que ces deux auteurs n'ont pas été traduits.

Ainsi, s'agissant de la notion de durée, Herry Walter observe pertinemment ce qui suit : « *Il existe de nombreux cas de terreur psychologique dans l'entreprise qui éclatent en un laps de temps beaucoup plus court. Ainsi, même si une personne est exposée à seulement un ou deux mois de terreur intensive, terreur qui l'amène à la maladie, au chômage, à une retraite anticipée ou pire, à un suicide, elle est victime de* mobbing. *Pour un chef d'entreprise, un chef du personnel, un conseiller d'entreprise ou des collègues qui souhaitent débusquer un cas de* mobbing *dans leur entreprise, le critère d'une "demi-année" est difficilement praticable : faut-il donc rester à observer pendant une demi-année de quelle manière une personne est agressée avant d'oser intervenir et faire entendre raison au "mobbeur" ? Et quand commence un* mobbing ? *Nombre des actes inventoriés dans le catalogue suédois d'actes de* mobbing *sont, en effet, peu perceptibles et ne sont pas d'entrée une preuve de* mobbing. *Le critère d'une demi-année est reconnaissable uniquement lorsque la demi-année est passée. Mais alors, il est en général déjà trop tard. De même, ces actes peuvent être reconnus en tant qu'actes de* mobbing *seulement avec le recul ; souvent aussi, rétrospectivement, la perception des choses se modifie. Dans le souvenir, les actes s'ajournent et surtout leur interprétation. Cet état de fait se révèle dans une phrase formulée souvent par des victimes de* mobbing : *"Aujourd'hui seulement je comprends ce qui s'est passé."*[1] »

---

1. Walter, H., 1993, p. 27, traduction du texte original allemand par Wennubst, G.

S'agissant de la notion de fréquence d'au moins une fois par semaine des actes hostiles et de leur durée sur six mois au moins, Berndt Zuschlag remarque ceci : « *Lorsque quelqu'un est agressé seulement de manière sporadique une fois toutes les deux semaines depuis dix ans, il serait par conséquent à compter parmi les "non-mobbés". De même, ceci serait valable pour des personnes qui sont "mobbées" quotidiennement de manière extrême pendant cinq mois, mais qui déjà après cinq mois abandonnent leur travail à bout de nerfs ou bien se pendent*[1]. »

Qui est contre qui ?

En matière de mobbing, on ne se trompera pas de beaucoup en déclarant, comme Jean-Paul Sartre dans sa pièce *Huis clos*, que « *l'enfer, c'est les autres*[2] ». Le mobbing au sens strict est une forme de harcèlement collectif, déployé par un groupe contre un individu. Ce groupe présente une certaine homogénéité, au moins ponctuelle ou liée aux circonstances, de culture, d'intérêts, ou autre.

Pour Manfred Rehbinder, par mobbing, « *on désigne une exclusion systématique d'un membre d'un groupe par son propre groupe. C'est donc un comportement de répudiation qui émane de quelques ou tous les collègues de travail et qui n'a pas été provoqué par la victime*[3] ».

Au sens large, on utilise le terme « *mobbing* » aussi pour qualifier le harcèlement individuel, d'une personne par une autre personne, par exemple d'un collègue par un autre collègue de travail, les mécanismes et le processus demeurant les mêmes. Plus spécifiquement, on désigne par le terme « *bossing* » (qui toutefois dans la pratique est peu utilisé) le harcèlement d'un subordonné par son supérieur hiérarchique. Issu de l'anglais « *bossy* », qui signifie « autoritaire », « tyrannique », le bossing « *qualifie des agressions systématiques perpétrées par un supérieur*[4] ».

Le mobbing proprement dit est toujours le fait d'une collectivité, l'élément collectif étant celui qui amplifie la gravité de l'atteinte. Il se déclenche d'ailleurs très souvent suite à un harcèlement individuel (même

---

1. Zuschlag, B., 1994, p. 8, traduction du texte original allemand par Wennubst, G.
2. Sartre, J.-P., 1947, p. 92.
3. Rehbinder, M., 1997, p. 156.
4. Rehbinder, M., 1997, p. 156. Pour plus de détails sur le bossing, voir Willimann, M., 1997, p. 8 et suivantes.

niveau) ou à un bossing (harcèlement descendant). Les premiers signes de harcèlement s'avèrent ainsi un moment crucial, puisqu'ils révèlent le degré réel d'intégration d'un individu dans un groupe.

L'approche juridique ne change pas essentiellement en cas de harcèlement collectif ou individuel, bien que le mobbing collectif implique des éléments juridiques supplémentaires tels que les notions de coauteur ou de complicité, qui ne sont d'ailleurs pas toujours aisées à manier.

Notons enfin un dernier phénomène, étudié dès les années 1970 par des chercheurs suédois comme Peter-Paul Heinemann et Dan Olweus[1], dont il ne sera pas question en détail ici, mais qui paraît être un vrai fléau dans les écoles anglaises. Il s'agit du « bullying » (de l'anglais « *bully* », « personne brutale et tyrannique »), où le harcèlement prend une connotation beaucoup plus physique, incluant des actes de vraie menace, d'intimidation et de domination. Cette forme d'agressivité va jusqu'à mettre directement en danger l'intégrité physique de la victime. Le terme *« bullying »* entre de plus en plus dans le vocabulaire courant, bien que l'on utilise plus généralement l'expression « incivilités » pour qualifier ce genre de conduite.

EN PRATIQUE

Le bullying est un harcèlement à connotation physique : brutaliser, rudoyer, tyranniser quelqu'un par des actes de violence physique[2]. On peut qualifier de « bullying » les deux faits divers suivants.
À Reading (Grande-Bretagne), deux écoliers ont passé une corde autour du cou d'un troisième camarade, chacun tirant d'un côté.
Aux Pays-Bas, deux garçons d'une dizaine d'années ont poussé par intimidation une fillette de 3 ans sur un polder gelé en l'empêchant de revenir vers le rivage. Épouvantée par les continuelles menaces et railleries, la fillette est allée de plus en plus loin sur la surface glacée. La glace a cédé, la fillette est tombée à l'eau et les deux enfants l'ont empêchée de sortir de l'eau en la repoussant avec des branches jusqu'à ce qu'elle se noie. Il a été découvert par la suite que la fillette était harcelée par ces deux garçons depuis six mois déjà (*De Telegraaf* du 12 mars 1998).

---

1. Heinemann, P.-P., 1972 ; Olweus, D., 1986.
2. Wennubst, G., 1999, p. 30 ; Hirigoyen, M.-F., 2002, p. 10.

Au sein d'une entreprise, le mobbing peut ainsi être le fait de collègues, d'un supérieur hiérarchique, d'un subordonné, ou de l'employeur même. Quatre cas de figure possibles ont été répertoriés[1] :

▶ *mobbing* (collectif ou individuel) horizontal (même niveau), par exemple entre collègues ;

▶ *bossing*, harcèlement descendant (supérieur hiérarchique à l'encontre d'un subordonné) ;

▶ *mobbing* combiné (1 + 2) ;

▶ *mobbing* ascendant (subordonné à l'encontre d'un supérieur hiérarchique).

Ajoutons-y un cinquième, le mobbing combiné (2 + 4) : par exemple un cadre « mobbé » par ses subordonnés et par son supérieur hiérarchique, voire son employeur.

D'après une étude de Manfred Rehbinder en Suède et en Autriche, ces quatre phénomènes se produisent à hauteur suivante[2] :

▶ *mobbing* horizontal : Suède 44 % ; Autriche 27 % ;

▶ *bossing* : Suède 37 % ; Autriche 55 % ;

▶ *mobbing* combiné : Suède 10 % ; Autriche 18 % ;

▶ *mobbing* ascendant : Suède 9 % ; Autriche (-).

À SAVOIR

En Suisse, une mobbing hotline a ouvert en 1994. D'après ses chiffres, on constate une nette prépondérance de cas de bossing. Les « mobbés » sont dans 60 % des cas des femmes ; 79 % des cas se produisent dans des structures fortement hiérarchisées (banques, hôpitaux, grosses entreprises, administrations publiques). Les femmes sont « mobbées » dans 28 % des cas par
.../...

1. Leymann, H., 1996, p. 60.
2. Rehbinder, M., 1997, p. 159.

.../...

d'autres femmes, dans 22 % des cas par des hommes, dans 10 % des cas par les deux. Les hommes sont « mobbés » dans 7 % des cas par des femmes, dans 27 % des cas par des hommes, dans 6 % des cas par les deux[1].

Chacune de ces situations influence le choix des agissements hostiles employés, détaillés plus loin. En effet, seul un supérieur hiérarchique peut intervenir directement dans la sphère professionnelle du « mobbé » et modifier son cahier des charges, ses tâches et son affectation ; le bossing touchera ainsi plus particulièrement l'intégrité professionnelle de la victime. Dans un mobbing horizontal, ce sont pour l'essentiel la personne elle-même et sa vie privée qui sont visées, sa réputation professionnelle pouvant toutefois aussi être atteinte par diffamation, médisances, ragots et rumeurs. Dans un mobbing ascendant, le ou les mobbeur(s) auront plutôt tendance à contester les ordres et les instructions reçues, à remettre en discussion les compétences et à saboter les directives de leur supérieur hiérarchique.

Notons que dans le cas d'un supérieur agressé par des subordonnés, le mobbing peut être une sorte de « mobbing-protestation ». La protestation peut viser directement un supérieur considéré comme étant trop autoritaire, arrogant ou partial, ou indirectement l'employeur pour le choix non agréé par le groupe d'un cadre qu'il a mis en place[2].

Dans le bossing, « *quelles que soient les causes de ce genre d'agressions, elles ont toujours un dénominateur commun : le supérieur se prévaut de son pouvoir de manière démesurée et archaïque*[3] ». L'objectif poursuivi par un supérieur peut être, par exemple, de réduire l'influence qu'un subordonné a sur son entourage ; ou bien le supérieur craint que sa position et son autorité puissent être remises en cause ; ou encore, il

---

1. Voir Willimann, M., 1997, p. 65 et suivantes ; Leymann, H., 1996, p. 106 – Suède : hommes 45 % des cas, femmes 55 % des cas. Rehbinder, M., 1997, p. 160 – Autriche : femmes 82 % des cas, hommes 18 % des cas. Cette différence peut s'expliquer par la différence entre les femmes suédoises et autrichiennes en termes d'intégration dans le monde du travail.
2. Pour plus de détails, voir Leymann, H., 1996, p. 50 et suivantes.
3. Leymann, H., 1996, p. 55 et suivantes.

craint de perdre le contrôle de ses subordonnés alors qu'il reste redevable des résultats du service à l'encontre de sa direction. Ou bien, encore, le supérieur déclenche un « mobbing-diversion » contre un subordonné afin de détourner l'attention de ses propres défaillances.

Par ailleurs, si les femmes sont agressées presque quotidiennement, les hommes le sont à une fréquence hebdomadaire. Enfin, rappelons que les hommes semblent privilégier des méthodes plutôt passives (ignorer la victime, ne plus lui adresser la parole, empêcher la communication en l'interrompant sans cesse, etc.) et ceci selon une fréquence moindre. Les femmes en revanche, agissent de manière plus active (ridiculiser la cible en public, répandre des rumeurs, tenir des propos désobligeants à l'insu de la victime, procéder par allusions).

La mise en œuvre du mobbing

Les actes de mobbing en entreprise touchent à trois sphères du « mobbé » :

▶ intrusion dans ses conditions de travail (affectation, responsabilités, déroulement) ;

▶ agressions contre sa personnalité (avec comme conséquence une baisse du rendement au travail) ;

▶ intrusions dans ses relations sociales, au sein de l'entreprise avec ses collègues et supérieurs et dans les contacts externes, comme la clientèle[1].

Heinz Leymann a dressé le premier une typologie des actes de mobbing, certains de ces agissements pouvant se retrouver dans plusieurs groupes. Selon lui, on parle de mobbing quand un ou plusieurs des quarante-cinq agissements répertoriés, regroupés en cinq groupes selon les effets sur la victime, se répètent au moins une fois par semaine et sur une durée minimale de six mois[2]. Nous

----

1. Zuschlag, B., 1994, p. 47. Voir aussi l'approche différente de cet auteur par rapport aux divers agissements. Voir également Hirigoyen, M.-F., 2001, pp. 87-90.
2. Leymann, H., 1996, p. 27.

aurons l'occasion de revenir sur ces notions de fréquence et de durée qui sont fortement contestées et contestables (voir le chapitre 3).

Ces listes ne peuvent toutefois avoir qu'un caractère d'exemple, car manifestement, ce n'est pas parce qu'un agissement hostile ne figure pas dans l'une de ces listes qu'il faut en déduire qu'il ne s'agit alors pas de mobbing.

Le but de ces agissements est de manipuler la victime :

▶ manipulation des fonctions et des situations de sa vie professionnelle ;

▶ manipulation de la communication avec la victime ;

▶ manipulation de la considération dont elle jouit ;

▶ manipulation des tâches professionnelles.

Les manipulations opérées dans le cadre professionnel produisent souvent des effets sur l'ensemble de la vie du « mobbé », puisque les conséquences se font sentir autant dans sa sphère sociale que dans sa sphère privée et familiale (atteintes à la santé, à la réputation, stigmatisation, conflits familiaux qui impliquent le partenaire et les enfants). « *Le* mobbing *entraîne ainsi des conséquences désagréables aussi pour la vie privée. Le fait que les liens conjugaux puissent être gravement lésés par le comportement d'un partenaire déçu, irrité ou résigné, ou pire encore être dissous par divorce, n'est qu'une des possibles conséquences*[1]. » J'ai pu constater que les victimes qui s'en sortent le mieux à long terme sont celles bénéficiant d'un réel soutien de leur entourage privé.

Groupe 1 : les agissements visant à empêcher la victime de s'exprimer

Le mobbeur fixe en fait unilatéralement les règles de la communication[2] et impose ainsi sa suprématie. Il s'agit en effet de l'instauration d'une relation de communication en réalité biaisée par l'imposition d'une non-communication, d'une pseudo-communication, d'une

1. Willimann, M., 1997, p. 48, traduction du texte original allemand par Wennubst, G. Pour les influences du mobbing sur la vie familiale, voir aussi Zuschlag, B., 1994, p. 96.
2. Leymann, H., 1996, p. 29 et suivantes.

communication non verbale négative ou d'une communication agressive qui oblige la victime à se retrancher dans une communication de
défense ou de revendication. La non-communication et la pseudo-
communication, s'instaurent, par exemple, en coupant à la victime
tout accès à l'information, en interprétant de manière sélective et ten-
dancieuse tout propos tenu par la victime, en ne retenant que les événements justifiant de poursuivre l'agression, la vérité n'étant que dans
le camp du mobbeur, en instaurant un mode de communication uniquement par écrit (la victime ne mérite même pas qu'on lui parle).

Dans certains cas, le choix par l'auteur de la non-communication
peut être interprété comme une forme de protection individuelle par
évitement de la confrontation[1]. On recourt ainsi à une communication non verbale basée sur une gestuelle négative en utilisant tous les
gestes signifiant condescendance ou mépris (expressions du visage,
haussements d'épaules, détournements de la tête, etc.). Pour ce qui
est des actes de communication agressive, citons les invectives, les
cris, le fait de claquer les portes, de frapper du poing sur la table,
etc.

Cette manipulation de la communication fait que d'une part, les
prétendus griefs retenus contre la victime, et censés justifier de tels
agissements, ne lui sont surtout pas communiqués, de sorte qu'elle
ne puisse ni se défendre ni s'amender (si besoin est), ou sont
détournés ; d'autre part, le mobbeur n'a aucun intérêt à instaurer un
dialogue (une « métacommunication », c'est-à-dire une communication sur la communication, sur la manière dont les parties discutent)
qui pourrait résoudre ces problèmes de communication. Il s'agit
donc d'employer intentionnellement un langage non éthique auquel
il est inutile de tenter d'opposer un langage éthique.

Pour ce groupe, Heinz Leymann retient les agissements suivants :

▶ refus par le supérieur hiérarchique à la victime de pouvoir
  s'exprimer ;

▶ interruption systématique de la victime ;

▶ empêchement par les collègues de s'exprimer ;

▶ hurlements et invectives des collègues à l'égard de la victime ;

---

1. Leymann, H., 1996, p. 32.

▶ critique du travail de la victime ;

▶ critique de sa vie privée ;

▶ appels téléphoniques pour terroriser la victime ;

▶ menaces verbales ;

▶ menaces écrites ;

▶ refus du contact (évitement du contact visuel, gestuelle signifiant le rejet, etc.) ;

▶ présence de la victime ignorée, par exemple en s'adressant exclusivement à des tiers.

Groupe 2 : les agissements visant à isoler la victime[1]

« L'être humain ne peut supporter un stress important que s'il est assuré du soutien de ses proches et de son entourage (social support)[2]. *»* De même, *« dans la vie professionnelle, le stress est mieux supporté si l'on sait pouvoir compter sur l'aide et la compréhension de collègues et du supérieur hiérarchique[3] ».*

Dans tous les cas de mobbing, on porte atteinte à ce « *social support* » ou soutien social, en touchant au réseau des relations sociales de la victime. C'est une stratégie d'isolement. « *La perte du* social support *est au centre de la tragédie : la victime se sent définitivement rejetée et exclue[4].* »

Dans ce cas, le mobbing se concrétise par l'isolement de la victime, par exemple, en se levant et en quittant la salle à son entrée. « *Une victime se sent déjà isolée lorsqu'une seule personne cesse de lui parler, mais la pression devient intolérable quand la mise en quarantaine est le fait d'un groupe de collègues, voire de l'ensemble du personnel[5].* » Les conséquences du mobbing s'aggravent encore si un supérieur hiérarchique y participe ou en est l'instigateur, en donnant par exemple la consigne aux collègues de la cible de ne plus lui adresser la parole. Prenons à titre d'exemple le cas, qui sera examiné en détail dans le troisième chapitre, où l'employeur, pour se débarrasser d'une employée

---

1. Leymann, H., 1996, p. 33 et suivantes.
2. *Ibid.*, p. 33.
3. *Ibid.*, p. 34.
4. *Ibid.*, p. 34.
5. *Ibid.*, p. 34.

enceinte, après l'avoir isolée dans une pièce servant de salle d'exposition, sans outils de travail, lui interdisant d'en sortir, d'adresser la parole à ses collègues et de se servir de boissons, a réuni son personnel pour lui interdire d'adresser la parole à cette collègue.

Dans les cas de mobbing collectif d'entrée (par exemple, un groupe de collègues contre un collègue), cet isolement est parfois utilisé comme une sorte de « punition » ou comme le moyen pour le groupe d'imposer sa volonté à un sujet considéré comme récalcitrant.

Pour ce groupe, Heinz Leymann retient les agissements suivants :

▶ ne plus parler à la victime ;

▶ ne plus se laisser adresser la parole par elle ;

▶ lui attribuer un poste de travail qui l'éloigne et l'isole de ses collègues ;

▶ nier sa présence physique.

Selon les résultats fournis par la mobbing *hotline*[1], c'est dans cette catégorie que les mobbeurs suisses choisissent de préférence leurs agissements.

Groupe 3 : les agissements visant à déconsidérer la victime auprès de ses collègues[2]

Leymann relève que la considération dont une personne jouit au sein de ses relations sociales (famille, amis, collègues, connaissances) fait partie des fondements de l'estime de soi et de la confiance en soi. Les agissements de cette catégorie d'atteintes touchent justement à cette considération en provoquant ainsi une perte de confiance chez la victime.

Ont souvent recours à ces agissements des supérieurs hiérarchiques qui détournent le risque d'être eux-mêmes victimes de mobbing de par leur comportement autocratique en déclenchant un mobbing sur un subordonné.

Parmi les actes de ce groupe citons les railleries, invectives, humiliations, médisances, rumeurs, intrigues, et autres gâteries comme

---

1. Voir l'encadré p. 13 et Willimann, M., 1997, p. 66.
2. Leymann, H., 1996, p. 35 et suivantes.

souligner des handicaps physiques ou psychiques ou encore évoquer des événements douloureux (divorce, décès, maladie). Ces comportements cruels semblent en réalité évoquer la peur que la maladie, mentale ou physique, ou autres événements difficiles suscitent dans l'entourage des êtres ainsi touchés et la tentation de les bannir ou de les aliéner.

EN PRATIQUE

Voici un exemple de cas lié à un handicap physique, ayant fait l'objet d'une décision du Tribunal des prud'hommes de Genève, chambre d'appel, cause n° X/1246/92, le 15 juillet 1993 (arrêt non publié) : congé reconnu comme abusif dont est victime une vendeuse touchée par un léger handicap physique qui lui donne droit à une demi-rente de l'assurance invalidité. L'attitude de l'employeur a changé dès qu'il a été informé de l'existence de cette rente : « *La vendeuse a établi que ses relations professionnelles avaient été satisfaisantes jusqu'en février 1992, date à laquelle elle a dû informer son employeur de son handicap et du fait qu'elle percevait une demi-rente. Dès lors, elle a essuyé les propos et attitudes déplaisants de l'employeur.* »

Pour ce groupe, Heinz Leymann retient les agissements suivants :

- médire sur la victime ou la calomnier ;
- lancer des rumeurs à son sujet ;
- se moquer d'elle, la ridiculiser ;
- prétendre qu'elle est une malade mentale ;
- tenter de la contraindre à un examen psychiatrique ;
- railler une infirmité ;
- imiter sa démarche, sa voix, ses gestes pour mieux la ridiculiser ;
- attaquer ses convictions politiques ou ses croyances religieuses ;
- se moquer de sa vie privée ;
- se moquer de ses origines, de sa nationalité ;
- la contraindre à un travail humiliant ;

- évaluer son travail de façon inéquitable et dans des termes malveillants ;
- mettre en question, contester ses décisions ;
- l'injurier dans des termes obscènes ou dégradants ;
- la harceler sexuellement (gestes ou propos).

Groupe 4 : discréditer la victime dans son travail

« *Aujourd'hui, plus que jamais, la situation professionnelle d'une personne est le pivot de son existence*[1]. » L'activité professionnelle est un élément capital et fondamental, surtout dans notre société occidentale, pour l'intégration sociale d'une personne, non seulement d'un point de vue matériel mais aussi psychologique.

« *Le* mobbing *semble avoir peu d'effet lorsqu'il intervient dans le domaine des loisirs, de l'engagement politique ou de l'activité sportive. Il n'atteint rien d'essentiel […]. En revanche, le* mobbing *sur le lieu de travail entraîne souvent des difficultés dans la vie privée, la vie conjugale n'étant pas épargnée. La prédominance de la vie professionnelle sur les autres sphères de l'existence en est l'explication principale ; être la victime d'un* mobbing *professionnel implique ainsi un danger pour l'équilibre et la qualité de l'existence en général*[2]. »

Les conséquences du mobbing peuvent ainsi être atténuées si la victime bénéficie de la liberté de quitter son emploi. Encore faut-il que les actes du mobbing n'aient pas porté une telle atteinte à sa réputation professionnelle et qu'elle se voie privée de tout moyen de rebondir. Cela devient plus problématique encore, voire dramatique, dans une situation de crise économique qui limite la liberté de mouvement en matière d'emploi.

Pour ce groupe, Heinz Leymann retient les agissements suivants :

- ne plus confier aucune tâche à la victime (voir encadré) ;

---

1. Leymann, H., 1996, p. 39. Par exemple, l'une des « revendications » avancées à l'occasion de la République éphémère de Neuchâtel, Suisse, (28 février 1998) a été qu'un individu ne soit pas uniquement reconnu par ce qu'il fait mais aussi par ce qu'il est.
2. Leymann, H., 1996, p. 39.

▶ la priver de toute occupation et veiller à ce qu'elle ne puisse en trouver aucune par elle-même ;

▶ la contraindre à des tâches très inférieures à ses compétences (voir encadré) ;

▶ lui donner sans cesse des tâches nouvelles ;

▶ lui faire exécuter des travaux humiliants ;

▶ lui confier des tâches exigeant des qualifications très supérieures à ses compétences afin de la discréditer.

EN PRATIQUE

Au Japon, où l'employeur ne peut licencier un employé, on privilégie cette forme de mobbing afin de pousser la victime à la démission ou au suicide. On retrouve un exemple de ce cas dans le roman d'Amélie Nothomb, *Stupeur et tremblements* (Albin Michel, 1999), lorsque la protagoniste est affectée à l'entretien de la propreté des toilettes. Pour le passage de l'ancienne tradition de l'*ijime* (contrôle social qui vise l'intégration de l'individu dans le groupe et à le rendre conforme) au *moral harassement* en entreprise, voir Marie-France Hirigoyen, 2001, pages 67-68.

Groupe 5 : compromettre la santé de la victime

Dans ce groupe, Heinz Leymann fait référence aux agissements visant directement l'intégrité physique et/ou psychique de la victime, et non pas aux conséquences du mobbing (souvent psychosomatiques) qui touchent avec plus ou moins de gravité sa santé. Il s'agit en effet d'actes d'intimidation ou d'agression qui peuvent relever du droit pénal.

Parmi les exemples cités, relativement anodins mais pouvant occasionner des frais ou de la peur, citons le défilé de taxis soi-disant appelés par la victime, la livraison d'une masse de produits qu'elle aurait commandés, le fait de déposer des excréments dans sa boîte aux lettres ou un petit cercueil sur son bureau, ou encore de détruire des dossiers sur lesquels elle travaille.

En pratique

Heinz Leymann note encore que certains cas, extrêmement rares, ont débouché aux États-Unis sur un meurtre ou sur le décès de la victime par accident[1].

Pour sa part, le quotidien suisse *Le Temps* du 14 septembre 2004 rapporte l'histoire d'un employé qui avait égorgé le comptable de l'entreprise pour masquer ses propres malversations. Pour suggérer la piste de la vengeance, en utilisant l'astuce du discrédit de la victime, il avait écrit à la peinture, sur son ventre, « sale violeur ». Condamné pour assassinat, l'homme avait déjà passé à tabac le précédent comptable, qui avait choisi le parti de démissionner sans donner d'explications.

Dans un quotidien zurichois, j'ai retenu l'histoire de deux associés qui avaient tué leur troisième associé parce qu'il s'opposait à de nouveaux investissements. Heinz Leymann fait état de cas de mobbing intervenus dans de petites entreprises allemandes et autrichiennes qui se sont soldés par le décès de la victime[2].

Enfin, dans une enquête portant sur les menaces subies par des parlementaires suisses, le quotidien suisse *Le Matin* du 12 avril 2007 rapportait les propos de Franziska Teuscher, conseillère nationale, membre du Parti des Verts (BE) et présidente de l'Association transports et environnement, qui relevait que certains thèmes lui valaient des lettres, e-mails ou appels anonymes injurieux, surtout en matière d'égalité entre hommes et femmes. Pendant longtemps, une personne commandait pour elle toutes sortes d'articles inimaginables : sex-toys, meubles, vin, et même une piscine. Elle avait également subi des menaces indirectes faisant allusion à ses enfants et au fait que l'adresse de son domicile privé était connue.

Pour ce groupe, Heinz Leymann retient les agissements suivants :

▶ contraindre la victime à des travaux dangereux ou nuisibles à sa santé ;

▶ la menacer de violences physiques ;

---

1. Leymann, H., 1996, p. 40.
2. *Ibid.*, p. 40.

▶ l'agresser physiquement, mais sans gravité, « à titre d'avertissement » ;

▶ l'agresser physiquement sans retenue ;

▶ lui occasionner volontairement des frais dans l'intention de lui nuire ;

▶ occasionner des dégâts à son domicile ou à son poste de travail ;

▶ l'agresser sexuellement.

En conclusion, « *le* mobbing *est une attitude visant à priver de toutes ses possibilités professionnelles et sociales une victime désignée. Il détruit toute possibilité pour la victime de s'exprimer, communiquer efficacement, maintenir de bonnes relations avec son entourage, préserver sa réputation, exercer une activité professionnelle, sauvegarder sa santé*[1] ».

Il existe désormais des listes d'actes hostiles dressées par pratiquement toutes les associations de lutte contre le harcèlement, institutions diverses ou dans la littérature issue des recherches menées en la matière, voire en jurisprudence. La typologie des actes de Heinz Leymann reste néanmoins le cadre de référence, ainsi qu'un outil praticable.

Toujours au sujet desdits agissements, la description des stratégies de management que nous offre Antoine Darima dans son ouvrage *Guide pratique pour réussir sa carrière en entreprise. Avec tout le mépris et la cruauté que cette tâche requiert* (La Découverte, 2008) s'avère très intéressante. En particulier, citons les informations données aux cadres sur les techniques de maîtrise et de contrôle de la communication ; la livraison d'un véritable mode d'emploi pour se débarrasser d'un employé ou le placardiser ; les conseils avisés sur la façon de réagir aux plaintes des collaborateurs ; de discréditer auprès de la hiérarchie et par avance les propos d'un collaborateur récalcitrant ; d'effectuer un travail de sape ; de diviser pour mieux régner ; d'adopter un double langage et de faire usage d'injonctions contradictoires et autres astuces perfides.

Pétri de cynisme décalé, cet ouvrage s'inscrit dans une réalité inquiétante dont il est utile de prendre la mesure, d'où quelques extraits illustratifs[2] : « *Si [un collaborateur] se plaint ou vous fait des*

---

1. Leymann, H., 1996, p. 40.
2. Darima, A., 2008, p. 96 et p. 100.

reproches, feignez la surprise totale. N'acquiescez jamais à ses critiques
[…] et mettez en doute son objectivité. […] Dans l'idéal, le résultat doit
être un véritable dialogue de sourds […]. Si vous devez menacer directe-
ment un employé, c'est durant un entretien individuel […]. Une absence
totale de témoins est indispensable. Il ne doit rester aucune trace, seulement
votre parole contre la sienne. »

Dans le chapitre consacré à la façon de se débarrasser d'un employé
qui dérange par son insoumission ou par le bruit qu'il fait, l'auteur
enseigne comment enclencher une spirale qui exacerbera la colère de
la cible et créera un état de frustration qui déploiera ses effets à son
détriment. On oppose la maîtrise, l'action concertée et calculée du
cadre aux réactions émotives de sa cible pour en tirer avantage et la
guider vers l'exclusion. « *Si par contre vos employés savent se maîtriser,*
ils opteront certainement pour les rapports écrits, les courriels, les manœu-
vres de cafétéria. Dans ce cas, vos stratégies de protection tourneront autour
de la maîtrise des canaux de communication et de la désinformation. Inter-
ceptez tout ce que vous pouvez, désamorcez à l'avance tout ce qui pourrait
vous échapper en convaincant vos supérieurs qu'ils ont affaire à des indivi-
dus certes doués, mais sauvages, inaptes au travail de groupe. Inventez-
leur des défauts allant dans ce sens, pour montrer que vous les avez déjà
repérés, sous-entendu que leur attitude provoque des troubles permanents[1]. »

En deux mots, il s'agit de créer les conditions d'un « duel invisible »
dont le collaborateur sera le perdant. Mobbing, vous avez dit mobbing ?

Les mécanismes du mobbing

Le déroulement

Le mobbing n'est qu'une phase d'un processus plus complexe.
Heinz Leymann a identifié quatre phases, alors que Berndt Zuschlag en
évoque sept[2]. Manfred Rehbinder retient dans son article la division de
Brinkmann[3], que nous avons partiellement suivie en la complétant avec
les observations de Heinz Leymann et de Berndt Zuschlag.

---

1. Darima, A., 2008, p. 100.
2. Voir les étapes telles que retenues par Heinz Leymann, 1996, p. 72 et suivantes,
   et par Berndt Zuschlag, 1994, p. 84 et suivantes.
3. Rehbinder, M., 1997, p. 163.

Phase 1 : naissance ou présence d'un conflit

La première phase se caractérise par la naissance ou la présence d'un conflit. C'est dans cette phase que le conflit peut dégénérer ultérieurement en mobbing ou se résorber.

Cette première phase est cruciale : en effet, si l'intervention d'un supérieur hiérarchique échoue ou s'il est impossible de trouver une solution satisfaisante au conflit, on s'achemine vers une escalade et un durcissement des tensions.

À ce stade, l'incompétence à résoudre le conflit ou l'absence d'une réelle volonté de le résoudre par le mobbeur ou par un supérieur hiérarchique est immédiatement perceptible et perçue par les protagonistes. Cette incompétence ou défaillance permet de passer à l'étape suivante.

Phase 2 : attitude agressive

Le conflit, même le plus concret et réaliste, disparaît et devient secondaire. Une attitude agressive en découle, qui, pour l'instant, gêne encore tous les protagonistes. Le mobbeur commence à outrepasser les limites du respect dû à la victime par des agissements choisis parmi ceux vus précédemment. C'est la phase où s'établissent les rôles de victime et d'auteur ; les réserves mentales de la victime s'amenuisent et avec elles ses capacités de se défendre. Notons qu'il n'existe pas de « déclaration de mobbing » comme il existe une déclaration de guerre ; le choix de « mobber » et de sa stratégie revient uniquement au mobbeur, choix que souvent la victime ne perçoit pas immédiatement. Bien souvent quand elle le réalise, il est trop tard : le mobbing est installé.

Pour sa part, Heinz Leymann souligne une responsabilité collective par omission qui donne en quelque sorte carte blanche aux agissements qui vont suivre. C'est dans cette phase que naît la stigmatisation de la victime en tant que personnalité difficile[1], visant à permettre à l'auteur de justifier son attitude de rejet de la victime.

---

1. Leymann, H., 1996, p. 77 : « *Aucune recherche sur les structures de la personnalité ne permet de conclure qu'il existe une victime type, dont le déficit caractériel soit responsable du déclenchement du* mobbing. »

En effet, acculée à devoir être sur la défensive, parant les attaques d'un ou de plusieurs agresseurs, c'est elle qui est perçue comme la plus active[1].

Le processus subtil de stigmatisation empêche en outre à la victime de mobbing de pouvoir se défendre de manière efficace. « *Stigmatiser quelqu'un signifie le marquer au fer rouge, le singulariser ou le doter d'une étiquette. Par la stigmatisation sociale, on confère à des membres d'une société, d'une organisation ou d'un groupe, des qualités discréditantes qui peuvent mener à la perte de leur intégration sociale*[2]. »

Phase 3 : nouvelle répartition des rôles

La répartition des rôles a abouti : le « mobbeur » perd toute retenue et respect pour la victime. Pour Heinz Leymann, cette troisième phase se caractérise par une lutte inutile de la victime pour faire reconnaître ses droits et obtenir justice[3]. Dans cette phase, se dessinent les pseudo-remèdes au conflit par l'évocation d'une rupture des rapports de travail ; ils visent en réalité le but recherché par le ou les « mobbeur »(s), et notamment l'éloignement et l'exclusion de la victime.

Phase 4 : dépression et démission

Dans cette quatrième phase, la victime est désespérée et peut tomber en dépression. L'exclusion du groupe s'achève par la démission intérieure (la victime reste, mais ne s'implique plus dans son travail), par un licenciement, ou encore par une démission. Dans les cas les plus graves, cette exclusion devient définitive par une incapacité de travail irréversible ou par un suicide (voir à titre d'exemple, le témoignage de Yonnel Dervin, publié dans son ouvrage *Ils m'ont détruit*, Michel Lafon, 2009).

Heinz Leymann évoque aussi d'autres formes d'exclusion : continuation des rapports de travail en privant le « mobbé » de tout travail ;

---

1. Leymann, H., 1996, p. 78.
2. Schupbach, K., Torre, R., 1996, p. 37.
3. Leymann, H., 1996, p. 79 : ce passage mélange droits dans un sens courant et droits dans une acception juridique ; il reste néanmoins intéressant, parce qu'il souligne le désarroi de la victime mal prise en charge ou subissant des manipulations à ces deux niveaux.

attribution d'une tâche disqualifiante[1] ; imposition de transferts successifs ; mise en congé maladie prolongée ; internement psychiatrique administratif.

> ### À SAVOIR
>
> L'une des conséquences du mobbing peut être le développement de symptômes paranoïdes subséquents qui se distinguent d'une authentique paranoïa, mais qui peuvent être sujets à des erreurs de diagnostic si les mécanismes du mobbing ne sont pas connus ou pris en compte[2].

Heinz Leymann relève encore une conséquence pour la victime, pas des plus négligeables, et pouvant hypothéquer son avenir professionnel : « *Ces antécédents sont lisibles d'une manière ou d'une autre dans un* curriculum vitæ. » À cette conséquence, j'en ajouterais une dernière : la façon dont est rédigé le certificat de travail qui fait mention d'incapacités d'intégration dans une équipe ou qui réduit à peu de chose les compétences du travailleur[3].

Le pourquoi et le comment du mobbing

Existe-t-il un intérêt pour le juriste de savoir si un mobbing est déclenché par rivalité ou par anxiété, par opportunisme ou par carriérisme ? De savoir si la victime conduit une BMW ou si elle est catholique ? Du point de vue juridique, ce qui importe est la nature de l'acte et de ses conséquences, ses auteurs et sa victime.

---

1. Cas relaté (Tessin) : la tentative de disqualification du salarié ayant échoué dans un premier temps, l'éloignement s'est réalisé par la négociation d'une préretraite. L'employeur a examiné ensuite la possibilité de le transférer, en attendant son départ, à un poste sans qualification aucune.
2. Leymann, H., 1996, p. 84. Voir à ce sujet la description des possibles conséquences du mobbing décrites par Marie-France Hirigoyen, 2001, p. 141-143 : les modifications psychiques, la perte de sens, les sentiments de honte et d'humiliation, la dévitalisation, la rigidification, la défense par la psychose, les états paranoïaques.
3. Les syndicats peuvent intervenir efficacement dans une négociation avec l'entreprise pour faire modifier ces certificats abusifs.

Cependant il est très important pour un juriste ou un juge de saisir le contexte dans lequel l'acte évolue : c'est en se posant certaines questions qu'il est possible de déterminer si un cas relève d'un véritable processus de mobbing ou plutôt d'autres types d'atteinte à la personnalité. Une fois le processus identifié, encore faut-il déterminer s'il s'agit de mobbing collectif ou individuel, de bossing, de mobbing ascendant ou d'un cas combiné, l'approche juridique pouvant se nuancer.

Il faut en effet identifier clairement les auteurs, attribuer les responsabilités, savoir interpréter certaines « réactions », évaluer correctement les circonstances en vue d'une éventuelle négociation avec l'employeur et, à plus forte raison, en cas d'action en justice. Le mobbing met en œuvre des « effets pervers » dont il faut être conscient. Un bossing, par exemple, peut être présenté comme un usage légitime de prérogatives de l'employeur, telles que le droit de critique, à l'encontre d'un employé qualifié d'incompétent.

Au niveau pénal enfin (en cas de menace, diffamation, lésions corporelles, dommages à la propriété, etc.), il faut pouvoir établir clairement le mobile ainsi que l'intention et tenir compte d'éventuelles circonstances personnelles.

Les études sur le mobbing sont en plein essor, et la compréhension du phénomène relève de nombreuses disciplines[1], mais les mécanismes essentiels sont élucidés. Donnons-en les clés de lecture.

« Mobbing-peur », « mobbing-plaisir » (harcèlement-perversion[2])

La simplification populaire souhaiterait attribuer le mobbing à une seule cause, la victime, et à un « déficit caractériel » inhérent à la

---

1. Psychologie (formation et structure de la personnalité, théories de la communication, dynamique de groupe, psychologie du travail, victimologie), sociologie, psychiatrie, éthologie, médecine, gestion d'entreprise. Ce seul chapitre pourrait faire l'objet d'un mémoire en psychologie.
2. « Mobbing-*Angst* » signifie « mobbing-peur » et « Mobbing-*Lust* » signifie « mobbing-plaisir ». Dans la suite de mes recherches, j'ai identifié ce dernier par l'expression « harcèlement-perversion ».

structure de sa personnalité qui provoquerait en quelque sorte le mobbing. Cette approche réductrice a plusieurs motifs d'être et est très répandue, comme nous le verrons plus loin. Elle facilite d'ailleurs singulièrement la tâche du « mobbeur ».

En réalité, le mobbing relève de mécanismes complexes qui mettent en œuvre une interaction de *facteurs* d'une part et un *concours de circonstances* d'autre part. Les causes du mobbing sont donc à rechercher autant chez le « mobbeur » que chez le « mobbé », dans une interaction entre les deux, et dans un ensemble de circonstances liées à l'environnement social (dans notre cas, l'entreprise) qui favorisent ou permettent son déclenchement ou sa poursuite. Tous les auteurs parlent plus généralement de causes du mobbing (liées au « mobbeur », au « mobbé », à l'entreprise), mais je vois dans l'organisation de l'entreprise non une cause dans le sens strict du terme, mais une circonstance favorisant le mobbing.

Avant d'aller plus loin dans notre exposé, notons une première distinction entre « mobbing-peur » et « mobbing-plaisir », que je me suis permis d'établir en observant en 1998 qu'il n'était pas possible de caser tous les cas dans un seul schéma[1]. Alors qu'en 1998, le bien-fondé de cette distinction n'était pas encore forcément admise, aujourd'hui elle ne fait plus aucun doute[2]. Son importance réside dans le fait que la façon de réagir pour se défendre ou s'opposer au mobbing ou au « harcèlement-perversion » n'est pas la même.

« Mobbing-*peur* »

Revenons ici aux petits oiseaux dont on a parlé en début de chapitre, pour qui le mobbing est un ensemble de manifestations d'*agressivité*, déployées contre un *intrus*, perçu comme une *menace*, dans le but de l'éloigner, et ceci afin de *préserver* les nids (voir aussi chapitre 3).

Le « mobbing-peur » chez les humains relève largement du même phénomène. On pourrait parler d'une part d'une *théorie de la peur et/*

---

1. Distinction dont l'idée m'est venue par une phrase de Berndt Zuschlag, 1994, p. 102.
2. Ravisy, P., 2004, p. 31. Voir aussi Hirigoyen, M.-F., 2001, p. 228 et suivantes (le pervers narcissique) ainsi qu'en général la littérature spécialisée.

ou de l'intérêt, et d'autre part d'une *théorie de la différence*, la première intéressant le « mobbeur » et la seconde intéressant le « mobbé ».

Reprenons ces éléments les uns après les autres.

Les actes d'agression

Nous avons vu plus haut la typologie des actes hostiles les plus couramment utilisés par les mobbeurs, dressée par Heinz Leymann et d'autres auteurs. Il est important de ne pas perdre de vue que ces actes hostiles s'accompagnent d'une communication non éthique, très déstabilisante, imposée par l'auteur à la victime et visant à détruire toute réelle relation communicative.

En société, remarque Bendt Zuschlag, il existe tout un ensemble de normes du comportement établies par des lois ou par des valeurs éthiques et morales. Là où la société proscrit ou punit certains comportements tels que la tromperie, la contrainte, l'homicide, là existera un effet dissuasif sur certains « mobbeurs ». Mais là où le « mobbeur » n'aura à craindre aucune sanction ni conséquence personnelle, il devient plus audacieux dans ses agissements[1].

Ces agissements seront donc de préférence choisis dans ce cadre flou des actes non punissables par la loi. Le « mobbeur » peut également ignorer que certains d'entre eux le sont. Plus la victime choisira un comportement éthique, de jouer le jeu à la loyale, comme c'est le cas en général, plus elle se fera rapidement piéger[2] et s'enlisera dans des tentatives de dialogue et des revendications inefficaces puisque, et c'est le but, il n'y a aucune volonté de l'écouter, encore moins de l'entendre.

Développer le sens de la repartie[3], tenter de dissuader le « mobbeur » en lui rappelant que certains actes sont punissables, adopter aussi un langage non éthique, peuvent, dans certaines circonstances, stopper le

---

1. Zuschlag, B., *op. cit.*, p. 11 (traduction libre).
2. En acceptant, par exemple, des expertises psychologiques ou des bilans professionnels dont elle croit qu'ils pourront l'aider à rétablir la vérité, mais qui peuvent en réalité être téléguidés et au contenu desquels la victime n'a parfois pas accès. Il importe donc de savoir que tout salarié a le droit d'avoir accès à son dossier personnel conservé par le département des Ressources Humaines.
3. Diergarten, E., 1994, p. 16.

mécanisme du mobbing, ou inversement le transformer en une sorte de partie d'échecs épuisante ou pire, enclencher une escalade de violence. Faire appel sans tarder à l'employeur et, en cas de passivité de celui-ci, à une aide extérieure formée en la matière est une stratégie plus judicieuse (voir le chapitre 5 et les conseils utiles dans le chapitre 8).

Les valeurs éthiques, morales et légales d'une société ou leur absence constituent donc un frein ou donnent carte blanche aux agissements du « mobbeur ». C'est pour cela que la pseudo-psychologie populaire, reprise sans beaucoup de réflexion critique à de nombreux niveaux, est si dangereuse en matière de mobbing, puisque, comme le remarque Heinz Leymann[1], en prédestinant certains individus au mobbing, elle le légitime. Le vide de normes légales, qui a perduré par le passé, et éthiques rappelle pour beaucoup celui qui a entouré le harcèlement sexuel et a alimenté tabous et préjugés, en murant si longtemps les victimes dans leur silence.

Le « mobbeur » ou la théorie de la peur et/ou de l'intérêt

Comme nous l'avons vu, les oiseaux réagissent contre une menace (un prédateur) et dans un intérêt, celui de préserver les nids. Il faut remarquer tout d'abord une chose très simple : le mobbing est un déploiement d'activités qui peuvent mobiliser beaucoup d'énergie de la part du « mobbeur » et même le soumettre à un fort stress et à ses conséquences. Le « mobbeur » est donc quelqu'un d'actif. Berndt Zuschlag nous rappelle en effet que le mobbing prend place parmi les stratégies actives (« coping-stratégies ») de résolution d'un conflit.

À SAVOIR

Selon Berndt Zuschlag, les « coping-stratégies » peuvent être passives ou actives[2].
1) Stratégies passives (attendre la solution du conflit sans agir)
a) attendre que la solution naisse des circonstances :
• attendre que le conflit se révèle être un malentendu de sorte qu'il n'y ait plus rien à entreprendre ;

...../...

1. Leymann, H., 1996, p. 179.
2. Zuschlag, B., 1994, p. 14.

.../...

• attendre la mort de l'adversaire conflictuel et ainsi la solution du conflit.

b) attendre que la solution soit donnée par des tiers :

• attendre que d'autres résolvent le conflit par « *Einsicht* » (connaissance, discernement) ;

• attendre que l'adversaire soit remplacé par intervention d'autres (par exemple grâce à des élections) ;

• attendre que l'adversaire soit supprimé par des tiers, au besoin par la violence.

2) Stratégies actives (intervenir activement dans le conflit)

a) « *Problemorientierte Strategie* » :

• tirer systématiquement au clair les causes du problème et les aplanir ;

• élaborer des compromis équitables.

b) « *Selbstdurchsetzungs-Strategie* » :

• poser ses propres objectifs de manière coopérative et en étant prêt au compromis ;

• écraser de manière agressive et autoritaire l'adversaire ;

• « finir » l'autre et essayer de le chasser physiquement.

Le résumé des « *coping*-stratégies », reproduit ci-dessus, révèle que la dernière stratégie active consiste à éliminer très radicalement le « problème » que représente la victime pour l'auteur. Il s'agit de la stratégie choisie par notre « mobbeur ». L'avant-dernière rappelle certains agissements typiques du bossing, de même que la dernière stratégie passive rappelle certaines configurations de complicité au mobbing.

Le « mobbeur » est donc une personne en butte à un problème qu'elle veut résoudre à tout prix à son avantage. Cela l'amène à se mettre en conflit avec une cible (c'est toujours le « mobbeur » qui ouvre les hostilités et qui choisit sa cible), perçue comme un adversaire (puisque c'est dans cette optique et ce type de rapport de force que se situe le « mobbeur »).

Les agissements du « mobbeur » se motivent – comme dans beaucoup d'autres situations de vie – d'une part par l'établissement d'objectifs qu'il souhaite atteindre avec succès, et d'autre part par des peurs de refus, de souffrance, de pertes ou de dommages[1]. « *Il*

---

1. Zuschlag, B., 1994, p. 25, repris par Willimann, M., 1997, p. 39. Berndt Zuschlag liste les peurs/intérêts touchant en particulier le monde du travail.

se révèle ainsi, que l'on "mobbe" d'une part à cause de peurs précises et d'autre part parce que, par le mobbing, *on veut atteindre un but déterminé. La terreur psychique sur le lieu de travail est l'un des moyens les plus efficaces qui soit mis en œuvre dans ce contexte par l'auteur, de manière consciente et sans considérations d'ordre moral. La violence est fréquemment une conséquence de frustrations et de peurs. Cette problématique prend une signification tout à fait particulière justement en ces temps de difficultés économiques*[1]. »

Ainsi, à bien gratter sous la surface, tout mobbing – même le « mobbing-plaisir » (harcèlement-perversion) que l'on analysera par la suite – fait appel à une peur existentielle ou personnelle face à laquelle le « mobbeur » ressent un sentiment d'impuissance, peur à laquelle il réagit, par auto-légitimation, en adoptant une attitude extrême.

Il est vrai également qu'il existe des cas de mobbing paraissant motivés uniquement par un objectif à atteindre (intérêt personnel) et où le « mobbeur » fait donc preuve d'une absence particulière de scrupules (en matière pénale, il s'agirait d'un mobile particulièrement égoïste). Il s'agit dans ce cas du classique « être prêt à passer sur le cadavre de l'ennemi ».

Une peur seule peut déclencher des manifestations d'agressivité, essentiellement de nature défensive, alors qu'un « mobbeur » a toujours un intérêt et un objectif qu'il s'est fixés à atteindre. C'est cette dualité entre peur et intérêt qui permet de différencier le mobbing d'autres formes de violence, en général de nature plutôt ponctuelle.

Le « mobbeur » est donc une personne qui ressent (consciemment ou inconsciemment) une peur, une anxiété, une détresse dont elle attribue les origines et la cause au « mobbé », perçu comme une menace. Cette menace peut être réelle, mais aussi le fruit d'une simple projection du « mobbeur », ce qui n'est pas rare.

© Groupe Eyrolles

---

1. Willimann, M., 1997, p. 41.

EN PRATIQUE

Aucune étude n'est encore allée dans ce sens, sauf quelques références de Berndt Zuschlag à cette problématique, mais les parallélismes entre les mécanismes du mobbing et ceux ayant amené avant la Seconde Guerre mondiale en Allemagne au choix symbolique des Juifs en tant que responsables d'une situation ressentie comme pénible sont frappants. Il s'agissait en effet d'une minorité, présentant des différences évidentes par rapport au groupe majoritaire, frappé d'une malédiction biblique, détenant un pouvoir économique acquis et géré d'une manière très particulière, donc un groupe idéal sur lequel projeter toutes les angoisses collectives et symboliquement dénoncé comme responsable d'une situation économique désormais intolérable et ingérable[1].

Le « mobbé » est, en outre, perçu comme un obstacle entre le « mobbeur » et son but ; une fois encore, le « mobbé » peut n'avoir qu'une « fonction » d'obstacle par des mécanismes de pure projection. En bref, le « mobbeur » déclenche un conflit dans le but de résoudre à son avantage une problématique qui lui appartient. Cependant, et c'est là un point très important, il n'a aucun intérêt à résoudre le conflit, parce que le but réel de cette stratégie est autre, d'où le choix d'une communication non étique, par essence conflictuelle et dont lui seul établit les règles. Ce genre de communication empêche justement toute solution du conflit et vise essentiellement à manœuvrer la victime vers l'objectif final, notamment l'exclusion, c'est-à-dire l'éloignement physique de la menace et de l'obstacle afin de préserver l'intérêt qui mobilise ses énergies et atteindre son objectif[2].

1. Chevalier, Y., 1988, p. 128 et p. 368.
2. Voir Leymann, H., 1996, p. 33.

EN PRATIQUE

T. occupe un poste à responsabilités sensibles dans une grande entreprise. Sa hiérarchie élabore de nouveaux projets et T. est amené à l'informer que certaines des décisions prises ne sont pas conformes aux normes légales en vigueur. Or, la mise en conformité causerait un retard important dans la réalisation desdits projets. Pourtant, la hiérarchie est tenue de tenir les délais imposés. T. est connu pour sa rigueur et sa fonction l'amène à devoir informer de certaines irrégularités des instances externes, conformément à son cahier des charges. Après plus de vingt ans de services unanimement appréciés, sa hiérarchie commence cependant à formuler des critiques sur ses capacités professionnelles et personnelles, le discréditant ainsi auprès de son entourage, l'excluant de certains secteurs d'activité et lui interdisant de participer à certaines réunions de travail portant sur lesdits projets. Ses remarques professionnelles sont systématiquement écartées. Une évaluation professionnelle, diligentée en violation du règlement interne de l'entreprise, donne des résultats très négatifs. On lui propose alors un délai de mise à l'épreuve de six mois. La contestation par T. des reproches avancés, preuves à l'appui de leur manque de fondement, n'est pas prise en compte. Au terme dudit délai, l'entreprise licencie T. Les projets ont ensuite été réalisés dans les délais convenus et sans mise en conformité.

« *En réalité en effet, les "mobbeurs" s'intéressent peu de découvrir les causes réelles d'un conflit dans le but de les supprimer par une solution satisfaisante tenant compte de tous les intéressés. Il semble qu'ils soient avant tout plutôt préoccupés à assurer leurs propres intérêts par tous les moyens, et au besoin aussi déloyaux. Pour cela, ils essayent de parvenir à solidariser, dans la mesure du possible, d'autres à leur cause (dissimulée éventuellement comme étant une cause "honnête"). Ils veulent attribuer la responsabilité du conflit, sans aucun sens critique, entièrement à leur partenaire conflictuel, adversaire conflictuel qu'ils ont eux-mêmes choisi, afin de créer, par ce biais, le fondement qui justifiera qu'il soit expulsé de la communauté sociale (dans ce cas de son travail) et ceci en se procurant de plus, si possible, une légitimation d'ordre moral[1].* »

1. Zuschlag, B., 1994, p. 13, traduction du texte original allemand par Wennubst, G.

Voici un autre exemple pour aider à la compréhension de ces mécanismes.

EN PRATIQUE

À un cas de mobbing professionnel ascendant (« mobbing-protestation » visant en réalité l'employeur) contre une femme cadre, s'est greffé un mobbing personnel motivé par une rivalité. La « mobbeuse » était une femme d'une cinquantaine d'années, divorcée, qui s'intéressait à un nouveau venu dans l'entreprise, lui-même en instance de divorce. Cependant, cet homme montrait de l'intérêt pour la femme cadre. On peut imaginer que la « mobbeuse », craignant de rester seule et ayant trouvé un homme qui lui plaisait, ait été déçue, ce dernier ne lui montrant pas l'intérêt espéré. La femme cadre, déjà impliquée dans un conflit mobilisant son entourage professionnel et donc en position de vulnérabilité, était perçue par la « mobbeuse » comme une menace et un obstacle puisque sa présence empêchait sa cible amoureuse de s'intéresser plutôt à elle. Il s'en est suivi un mobbing collectif par union d'intérêts divergents. La femme cadre a fini par démissionner.

Un mobbing peut être collectif d'entrée (le groupe entier se mobilisant contre la cible perçue comme un intrus, le leader du groupe jouant un rôle d'incitation ou de frein) ou devenir collectif (mobbing collectif induit), le « mobbeur » créant autour de lui un groupe de cohésion au service de ses intérêts (« alliance » sociale, familiale, politique, d'intérêts). Dans ce genre de groupe, les membres sont plus ou moins actifs, bien qu'il n'y ait pas de concertation entre eux.

Les situations peuvent être complexes entre auteurs, complices et spectateurs passifs. Dans les cas de bossing, où un supérieur choisit son répertoire d'actes hostiles de préférence dans le cadre de ses prérogatives professionnelles, le groupe agit plutôt par omission, par peur de représailles. Cependant il ne s'agit ici que de généralités, toutes les combinaisons étant possibles. Les membres du groupe peuvent donc être actifs, ou, et c'est souvent le cas, agir par « omission », par crainte que, s'ils s'opposent au mobbing, ils en soient à leur tour victimes. « *Si personne ne leur met un frein, les auteurs de* mobbing *sont facilement encouragés dans la poursuite ou carrément dans le renforcement de leur activité de* mobbing, *activité fondamentalement punissable. Les peurs de la victime, et la crainte pour les observateurs de risquer d'être impliqués dans l'affaire et de devenir à leur tour victimes, prêtent main-forte à l'audace du "mobbeur", comme le font l'esprit de soumission (fondé sur la dépendance à l'autorité) et l'absence de courage civil. Jusqu'où cela peut amener, nous a clairement été montré par exemple, par la stigmatisation de groupes marginaux dans l'Allemagne du Troisième Reich et plus tard en RDA*[1]. »

On voit donc que, selon le type de peur et d'intérêt qui mobilise le « mobbeur », le mobbing peut se déclencher contre un adversaire perçu comme étant particulièrement fort, compétent, brillant et qui menace, par exemple, un désir de promotion (peur de l'échec social, obstacle à une promotion) ou contre une personne particulièrement vulnérable. Heinz Leymann relate par exemple le cas « *d'une jeune femme à qui son médecin venait d'apprendre qu'elle avait un cancer ; son chef de bureau prit immédiatement l'habitude de se moquer d'elle dans des termes effrayants du style : "Alors, l'enterrement c'est pour quand ?"* »[2] Si toutes nos hypothèses sont justes, il s'agirait (à moins qu'il ne s'agisse d'un simple « mobbing-plaisir ») pour le mobbeur, d'une part de la peur de la mort, et d'autre part du désir de ne pas avoir à s'occuper de ce problème et de retrouver une place de travail exempte de soucis.

Le mobbing est donc une stratégie de réponse à un problème donné qui se pose au « mobbeur ». Cette stratégie intervient activement sur les circonstances de vie. Il s'agit toutefois d'une réponse non adéquate, reposant essentiellement sur des moyens déloyaux et basée sur le non-respect de la personnalité de la victime. Il s'agit d'une stratégie qui porte atteinte, parfois très gravement, à ceux qu'en droit on désigne comme « biens de la personnalité ou de la personne », c'est-à-dire les valeurs essentielles physiques, affectives et sociales liées à la personne humaine comme la vie, la santé, l'honneur, liens protégés par l'ordre juridique et qui permettent ainsi de qualifier le mobbing d'acte illicite (voir le chapitre 5).

---

1. Zuschlag, B., 1994, p. 28 et suivantes.
2. Leymann, H., 1996, p. 37.

Il est certain que le « mobbeur » est conscient de ses actes (sans forcément savoir que la stratégie qu'il a adoptée s'appelle mobbing) et qu'il voit, perçoit la souffrance de sa victime, d'ailleurs souvent observée avec intérêt. Voici un exemple.

EN PRATIQUE

Un chef infirmier ne pouvait plus voir un certain infirmier, « *même pas en peinture* », et souffrait de cette situation. Il avait envisagé de lui planifier les horaires de travail les plus ingrats dans l'espoir qu'il craque et donne sa démission. Ses intentions étaient demeurées au stade de projet, il était conscient qu'il s'agissait de mobbing et travaillait sur lui et sur la notion d'éthique pour trouver d'autres solutions à son problème. Je lui ai suggéré de s'en ouvrir à sa hiérarchie et d'envisager, dans un dialogue franc et ouvert avec l'infirmier en question, la mutation de l'un ou de l'autre dans un autre service.

Cependant, le « mobbeur » est-il conscient des conséquences du mobbing ? Heinz Leymann remarque que bien souvent, il n'a pas connaissance des conséquences réelles pour la victime, puisque celles-ci se réalisent pleinement une fois qu'elle a quitté sa place. Parfois, les « mobbeurs » sont terrifiés lorsqu'ils en sont informés[1].

Herry Walter[2], dans le domaine du travail, identifie trois attitudes envisageables du « mobbeur ».

Dans la première, le « mobbeur », de manière tout à fait consciente, ne prend pas en compte les possibles conséquences de ses actes au moment de décider d'agir par mobbing, puisqu'il choisit de privilégier uniquement ses intérêts. Il est totalement indifférent à ces conséquences. Un tel « mobbeur » est un employé irresponsable et incapable qui peut provoquer beaucoup de dommages à une entreprise.

Dans la deuxième, le « mobbeur » n'a pas pleinement conscience des conséquences possibles et c'est pour cela qu'il ne les prend pas en compte au moment de sa décision. Confronté aux réelles conséquences

1. Leymann, H., 1996, p. 135.
2. Walter, H., 1993, p. 45.

de ses actes, il prend peur et regrette souvent. Confronté plus tard aux mêmes circonstances, il adopterait sans doute une autre solution. Avec de tels « mobbeurs », on peut mettre un terme à leurs agissements en leur faisant prendre conscience des conséquences.

Enfin dans la troisième attitude, le « mobbeur » est incapable d'agir autrement qu'en provoquant des dommages, parce qu'il se met en rapport de concurrence. Il fait du mobbing dans le cadre d'une lutte pour une position plus importante, pour le pouvoir, pour la reconnaissance, etc. Cette attitude est très répandue et souvent mal interprétée par l'employeur, qui la perçoit comme une forte motivation.

Naît-on « mobbeur » ou le devient-on ? Violences subies dans l'enfance[1], rejet ou imitation du modèle parental[2] lors du processus de socialisation de l'enfant, causes neurologiques[3] : tout est encore à l'étude. Des publications centrées sur des recherches sur les auteurs de mobbing font d'ailleurs encore défaut. Mais puisque l'image du mobbeur est perçue en société comme une image de force, le choix du mobbing attire ceux qui, confrontés aux dilemmes de la vie, se disent que « *mieux vaut rester le plus longtemps possible à la surface en tant que mobbeur que de sombrer prématurément et disparaître dans les profondeurs en tant que victime de* mobbing[4] ».

Le « mobbé » : l'intrus ou la théorie de la différence

La *vox populi* prête au « mobbé » une faiblesse particulière de caractère. Il s'agit d'une appréciation très répandue, comme j'ai pu le constater en faisant mes recherches. Juridiquement parlant, ce point ne présente ou ne devrait pas présenter de réel intérêt, l'élément fondamental restant que l'ensemble des agissements composant le mobbing constitue une atteinte illicite à la personnalité de la victime. Il existe donc un droit à ne pas être « mobbé ». C'est au « mobbeur » de trouver d'autres formes de solution à son problème.

Quoi qu'il en soit, tous les auteurs s'accordent sur le constat qu'il n'existe aucune étude au stade actuel des recherches pouvant confirmer

---

1. Rehbinder, M., 1997, p. 162.
2. Zuschlag, B., 1994, p. 38.
3. Rehbinder, M., 1997, p. 162.
4. Zuschlag, B., 1994, p. 102, traduction du texte original allemand par Wennubst, G.

une telle approche. « *Comme l'expérience le montre, la personnalité d'une personne ne joue aucun rôle dans la naissance et le développement d'un processus de* mobbing[1]. » Il faudrait cependant, pour en avoir le cœur net, prendre une population de « mobbés » et l'analyser systématiquement pour trouver chez chaque « spécimen » une même caractéristique, un même type de faiblesse de caractère. Pour ma part, je ne crois pas beaucoup à cette appréciation puisqu'il me semble que l'on peut facilement constater à la lecture des cas de mobbing que la population des « mobbés » est tout simplement représentative de la population en général, avec ses défauts et ses qualités. Mon expérience me permet de confirmer de manière empirique cette hypothèse, le mobbing pouvant toucher les personnes les plus équilibrées jusqu'à celles présentant des troubles de la personnalité.

Les recherches menées jusqu'ici permettent plutôt d'imaginer que quiconque peut être victime de mobbing s'il croise le chemin de quelqu'un pour qui il représente, en des circonstances données, un « problème » (menace/obstacle) et qui choisit parmi les « *coping*-stratégies » celle du mobbing. « *Le* mobbing *peut toucher n'importe qui. Bien souvent, il ne s'agit nullement de personnalités excentriques ou faibles. En réalité, peuvent être tout à fait cibles de* mobbing *des employés qualifiés, créatifs, corrects et ayant confiance en eux*[2]. »

Pensons à l'exemple précédent de T., dont le seul tort a été, par conscience professionnelle, d'informer sa hiérarchie de la nature douteuse de certaines des décisions qu'elle était en train de prendre. Ou songeons à l'exemple de l'ex-mannequin Gertrude, dont le défaut était d'être belle et de déclencher auprès de sa collègue la peur de perdre l'emprise exercée sur ses collègues masculins.

---

1. Klaus Schiller-Stutz, psychothérapeute, article paru in « Alpha. Der Kadermarkt der Schweiz », *Tages-Anzeiger*, 30 novembre 1997 (traduction par G. Wennubst). Même opinion pour Heinz Leymann et Berndt Zuschlag ; mais opinion contraire de Ralf Brinkmann en 1995. Cela n'empêche pas que certaines interactions auteur/victime établies en victimologie puissent jouer un rôle aussi dans certains cas de mobbing.
2. Klaus Schiller-Stutz, *ibidem*. Heinz Leymann, dans une interview au magazine *Femina* (24 mars 1996) remarque que : « *Quoi qu'il en soit, le* mobbing *peut arriver à tout le monde : un chef "mobbé" par un groupe de salariés, un employé face à des collègues, des subordonnés agressés par un supérieur. Il n'y a pas de structures psychologiques particulières. La différence se fait sur la façon de sortir du* mobbing. »

Croiser le chemin d'un « mobbeur » est donc une condition nécessaire pour être victime de mobbing : est-ce suffisant ? Apparemment oui dans beaucoup de cas de harcèlement individuel – horizontal, ascendant ou bossing – où il suffit que la victime soit une menace ou un obstacle à un intérêt particulier (par exemple, asseoir son autorité et son pouvoir, trouver un prétexte pour licencier, une inimitié personnelle, etc.).

Toutefois, ce n'est peut-être pas une condition suffisante en cas de mobbing collectif d'entrée ou induit ; du moins cela n'explique pas encore tout. Il existe en effet un facteur de vulnérabilité au mobbing collectif, qui est essentiellement une forme de rejet, de répudiation d'un individu par un groupe.

Motivations et causes

Heinz Leymann a repéré parmi les « mobiles » des « mobbeurs » (dans un cas de figure de « mobbing-peur » collectif), deux motivations qui nous intéressent ici (les autres touchant le « mobbing-plaisir » ou « harcèlement-perversion »).

D'une part, il s'agirait « d'obliger un individu réticent à se conformer aux normes fixées par la majorité », ce qui implique que la cible a un comportement autre, différent, que la conduite adoptée par le groupe. Le message signifié par le groupe à la victime serait donc « *Soit tu te plies, soit tu pars* ». D'autre part, « *l'agression est déclenchée par l'altérité ou l'étrangeté de la victime (sexe, nationalité, religion, apparence physique, etc.)*[1] ».

Berndt Zuschlag, pour sa part, dresse une liste de toutes les causes inhérentes à la victime, générales ou particulières au monde du travail[2]. J'ai divisé ces causes en deux groupes, celles liées à la personne et celles liées à la personnalité.

D'une part, parmi les facteurs liés à la personne, on peut retenir des différences de nationalité, de sexe, de statut social (célibataire, marié, divorcé), de religion, de culture, de classe sociale ou de parti politique, ou la présence d'une infirmité, d'un handicap, d'une maladie, d'une apparence physique peu commune comme

---

1. Leymann, H., 1996, p. 44 et suivantes.
2. Zuschlag, B., 1994, p. 31 et suivantes.

une laideur excessive, un surpoids, une pilosité importante, une beauté prononcée, une défiguration, etc. Tous ces éléments peuvent renvoyer de manière consciente ou inconsciente à des peurs existentielles comme celle de la maladie, de la mort, de la pauvreté, de l'échec social, de l'exclusion, de la différence, etc.

D'autre part, parmi les facteurs liés à la personnalité, on peut retenir la présence de traits de caractères comme l'arrogance, la timidité, la nervosité, le perfectionnisme, un surinvestissement professionnel, un caractère pointilleux, la compétence, l'incompétence, l'agressivité, un caractère colérique, l'optimisme, l'intelligence, l'excellence, etc.

On voit bien que, autant chez Heinz Leymann que chez Berndt Zuschlag, on retrouve un individu qui se distingue, pour un motif ou un autre, du groupe auquel il est confronté. Il s'agit d'un individu présentant un élément qui le caractérise par rapport au groupe[1]. Ces éléments peuvent être infinis. Appelons cette « différence » un facteur de vulnérabilité au mobbing.

Aucun des auteurs que j'ai lus ne résume ces observations à une seule théorie. Cependant, j'ai observé que tous les éléments retenus touchant la victime pouvaient être ramenés à un facteur d'altérité par rapport à un groupe donné. Le « mobbé » serait donc une personne qui ne correspond pas, se distingue, est en opposition ou met en danger les « schémas de vie » du « mobbeur » ou du groupe.

Si nous reprenons l'exemple de T., victime d'un mobbing collectif de sa hiérarchie, il était connu (et apprécié) pour sa rigueur, celle-là même qui a dérangé sa hiérarchie dans des circonstances précises et

---

1. Willimann, M., 1997, p. 42, cite Huber, qui détecte quatre groupes à risque :
- *Der Einzige* : le seul homme dans une équipe féminine, ou *vice versa* ; le seul célibataire parmi des collègues mariés, etc.
- *Der Auffällige* (qui détonne) : ceux qui se singularisent par leur apparence extérieure et qui sont vite considérés comme des *outsiders*. Par exemple, ceux qui appartiennent à une minorité sont souvent « mobbés ».
- *Der Erfolgreiche* (celui qui a réussi) : l'envie naît à l'encontre d'un membre du groupe qui a réussi (Berndt Zuschlag parle par exemple de mobbing à l'encontre de ceux qui ont de belles voitures comme une BMW, Mercedes, etc.).
- *Der Neue* : la jeunesse, une meilleure formation sont des motifs d'envie et de jalousie. Autre exemple : un collaborateur remplacé était particulièrement aimé, ce qui provoque une attitude de rejet à l'encontre du nouveau venu.

ponctuelles, où les intérêts à sauvegarder étaient, pour elle, importants. Son successeur, moins regardant, s'est parfaitement intégré au comportement de ladite hiérarchie.

Nous avons vu, dans les quatre phases du mobbing, que celui-ci trouvait un terrain favorable dans une situation de tension : c'est en effet au moment critique du passage de la première à la deuxième phase qu'un individu « découvre » son réel degré d'intégration dans un groupe donné. Une personne peut être intégrée dans un groupe pendant des années, mais il suffit d'une variation dans le groupe (nouveau venu, nouveau chef, départ du leader) pour remettre en jeu les équilibres, le consensus trouvé, de nouveaux rapports de force. Toute variation du groupe constitue donc un moment délicat. Il suffit que naisse une tension, un conflit d'une part, et des « motifs à mobbing » (peurs/intérêts) d'autre part, pour déclencher le processus. La capacité du groupe à intégrer la différence est donc primordiale : bien des différences, surtout celles liées à la personne, peuvent renvoyer à des peurs existentielles, pouvant ainsi être ressenties comme une menace (nationalité, maladie, infirmité, etc.).

En situation « stable », non conflictuelle, la marge de tolérance envers la « différence » est plus grande ; en situation conflictuelle, et donc de forte insécurité réveillant beaucoup de peurs, cette marge se réduit fortement, jusqu'à disparaître. Cette tension conflictuelle peut exister au sein du groupe, de l'entreprise, de la société (actuellement, elle existe à ces trois niveaux en raison de l'instabilité économique et des tensions sociales qui en découlent). C'est un peu comme si un « mobbeur » se disait dans son for intérieur, une fois la cible représentant une menace/obstacle repérée : « *Non seulement il/elle m'empêche d'atteindre mon but, mais de plus il/elle n'est pas des nôtres.* » Ou bien le contraire : « *Non seulement il/elle n'est pas des nôtres, mais qui plus est, il/elle m'empêche d'atteindre mon but.* »

Il s'agit là d'une sorte d'auto-« légitimation-permission » renforcée par une cohésion du groupe, la « responsabilité » du mobbing étant de la sorte déplacée sur la victime. C'est pour cela que l'on peut dire que le mobbing est vieux comme le monde et qu'on le trouve partout, puisqu'il suffit de peu pour créer une différence (comme appartenir à un autre village et avoir été engagé à la place d'un autre candidat appartenant au groupe majoritaire[1]).

On voit bien le danger d'un tel raisonnement lorsque, de plus, la victime n'a qu'une fonction de menace par projection. Le message de non-tolérance de telles pratiques contraires à l'éthique, que la société en général et l'entreprise en particulier doivent prodiguer, doit être extrêmement déterminé pour décourager le choix du mobbing, et inciter le « mobbeur » à rechercher d'autres moyens, respectueux des autres, pour résoudre ses problèmes. En effet, la question ne se situe pas forcément au niveau de la légitimité ou non d'un rejet : quelqu'un peut constituer réellement une menace, de par son attitude négative par exemple, pour un groupe donné. Cependant, l'illégitimité ainsi que l'illicéité se situent dans la manière dont ce rejet est signifié, c'est-à-dire par l'usage d'actes hostiles portant atteinte aux valeurs essentielles liées à la personnalité de la cible, comme sa réputation, sa santé, son avenir économique, voire sa vie, valeurs qui sont protégées par le droit.

La théorie de la différence n'explique sans doute pas tout ni dans tous les cas. Toutefois depuis que j'ai commencé à chercher d'une part les motifs de mobbing du « mobbeur » et d'autre part l'élément qui différencie un individu du groupe qui le rejette, le mystère se dissipe. Surtout, dans une grande majorité de cas, cet élément de différence existe. Chacun peut d'ailleurs s'amuser à le rechercher dans les exemples proposés par Heinz Leymann.

Je suis convaincue que c'est dans cet élément d'altérité (il/elle n'appartient pas au même parti politique, donc n'a rien compris, et qui plus est il/elle me fait obstacle), lorsqu'il représente une menace à un intérêt donné, qu'une personne qui a tendance à choisir le mobbing comme stratégie de réponse à son propre problème trouve un élément supplémentaire d'« autopermission » à cette stratégie.

Quiconque peut donc potentiellement être victime de mobbing : il suffit que les facteurs, d'une part, et les circonstances (voir plus loin) d'autre part, soient réunis. S'il n'existe pas de droit à l'intégration, il existe en revanche un droit à la non-atteinte. Dans le

---

1. Cas présenté pendant la journée sur le mobbing organisée le 14 novembre 1997 par l'Union des Syndicats Suisses (USS) au Tessin (Suisse).

cadre du contrat de travail, l'employeur est soumis à des obligations contractuelles qui l'appellent à respecter et à protéger la personnalité de ses employés. Le travailleur, pour sa part, et en sa qualité d'auxiliaire de l'employeur, a également des obligations (devoir de fidélité par exemple) à l'encontre de son employeur qui lui interdisent de faire du mobbing (voir le chapitre 5).

Les mythes sur la personnalité de la victime

Nous l'avons vu, la *vox populi* prétend que la victime est une personne particulièrement faible ou vulnérable, donc que certaines personnes seulement peuvent être victimes de mobbing.

Or, tout ce que nous avons vu jusqu'ici tend plutôt à infirmer qu'à confirmer une telle approche ; le nombre élevé de victimes étant aussi un argument en défaveur de cette appréciation.

À SAVOIR

Selon une enquête nationale menée en Suède, 3,5 % de la population salariée, soit 154 000 cas sur 4,4 millions salariés, est victime de mobbing au cours de sa vie professionnelle. En Suisse, cela représente 126 000 à 150 000 cas (sur 3,6 millions de salariés) ; 1 400 000 cas en Allemagne (40 millions de salariés) ; 950 000 cas en France (27 millions de salariés) ; 250 000 cas aux Pays-Bas (7 millions de salariés). La durée de stress se monte à 1,25 an par personne. Ainsi, en estimant la durée de vie professionnelle à trente ans en moyenne, une personne sur quatre qui arrive annuellement sur le marché du travail sera victime de mobbing une fois au cours de sa carrière[1].

---

1. Leymann, H., 1996, p. 104 et suivantes. Il constate aussi dans le magazine suisse *Femina* du 24 mars 1996 : « *Il semble que le phénomène soit de plus en plus fréquent en descendant du nord vers le sud de l'Europe. En Italie, nos premières recherches montrent que le nombre de cas est deux fois plus élevé qu'en Allemagne ou en Autriche, et quatre fois plus que dans les pays scandinaves.* »

Philippe Ravisy, avocat français spécialisé en droit du travail, relève qu'en France, on peut estimer à huit millions les personnes qui seraient concernées sur une population active de vingt-sept millions et que ce chiffre montre bien que le phénomène ne concerne pas la seule relation harceleur/travailleur/employeur, mais qu'il s'agit d'un phénomène de société, voire de santé publique[1].

Pouvoir décliner le rôle de victime (ne pas entrer dans le jeu)

Sans « mobbé », pas de mobbing. « *Si la cible décline, refuse le rôle de victime, l'agression n'a aucune chance de succès*[2]. » Les psychologues constatent en effet que certaines personnalités semblent être en mesure de faire échec d'entrée au mobbing. C'est ici que réside la seule réponse réellement efficace au mobbing, à savoir déjouer son déclenchement. Le « mobbeur » « tire » dans le vide, la victime n'étant pas là. Cette sorte de capacité d'« immunité » au mobbing consiste en une faculté à ne « pas entrer dans le jeu[3] ». Comprendre les mécanismes du mobbing et ses pièges peut constituer une aide efficace pour développer cette capacité. Cependant, comprendre ces mécanismes peut aussi aider un « mobbeur » qui réagit à une peur à mieux comprendre la nature de cette peur et à trouver en lui une autre manière, respectueuse de l'autre, de protéger l'intérêt qui mobilise ses énergies.

La capacité à ne pas rester victime (ne pas jouer le jeu)

Étant donné le nombre de victimes de mobbing, on pourrait penser qu'une majorité tombe dans le panneau. C'est ici que la *vox populi* semble trouver les arguments pour alimenter son appréciation : « *Pourquoi a-t-il supporté cela ?* » ; « *Moi, je serais parti !* » ; « *Moi, je n'aurais pas accepté cela !* » On sous-entend ici que s'il accepte, s'il ne part pas, s'il supporte, c'est par faiblesse[4].

Cependant cette appréciation dénote une réelle méconnaissance des mécanismes du mobbing. Ne pas rester victime d'un mobbing, les

1. Ravisy, P., 2004, p. 17.
2. Willimann, M., 1997, p. 38.
3. Cependant, le mobbing peut aussi se déclencher après une guerre d'usure.
4. Leymann, H., 1996 : voir par exemple les réactions de ses étudiants, p. 99.

psychologues eux-mêmes en conviennent, est plus facile à dire qu'à faire. Voire pratiquement impossible à faire. Par exemple, comme le précise Heinz Leymann, « *en principe, [...], il est facile de faire avorter un* mobbing *: il suffit d'y être vraiment décidé. Mais sur un point il ne faut pas se faire d'illusions. Dès que le* mobbing *est déclenché, la cible elle-même ne peut plus faire grand-chose pour le stopper [...] En général, seule l'intervention d'une autre instance peut enrayer l'agression*[1]. »

La capacité à ne pas rester victime de mobbing dépend certainement de la structure de la personnalité de la victime (vécu, éducation, enfance), mais aussi d'autres facteurs, comme ceux de résistance au mobbing, que l'on verra plus loin, dont il n'est pas évident, selon les circonstances, de bénéficier. En effet, les mécanismes du mobbing sont redoutables.

Des mécanismes redoutables

Le mobbing touche à un point de très grande vulnérabilité chez tout être humain : le rejet. Une seule personne ne nous parle plus, *a fortiori* un groupe entier, et nous sommes affectés. Le nombre étant, qui plus est, un facteur d'apparente légitimation et légitimité du rejet signifié à la victime. Dans le cadre du contrat de travail, le rejet implique en outre dans pratiquement tous les cas la perte de l'emploi : ceci peut constituer une véritable tragédie pour la victime, s'accompagnant d'une perte d'identité et d'estime de soi.

Les agissements du mobbing sont attentatoires ; ils touchent à la personnalité dans toutes ses composantes : réputation, image professionnelle, liens avec les proches, etc. Plus le lien affectif du « mobbé » avec la composante touchée est grand, moins il sera en mesure de trouver les ressources nécessaires pour la défendre, l'émotionnel prenant le pas sur le rationnel. Et au contraire, moins il se laissera affecter par les agissements du mobbing, plus il les rendra inefficaces.

Heinz Leymann a mis en lumière le mécanisme qui fait que l'on attribue une situation à une pathologie et non une pathologie à une situation : le poids stigmatisant d'un tel cercle vicieux est extrêmement

---

1. Leymann, H., 1996, pp. 185-186. Voir aussi Berndt Zuschlag et les possibles réactions de la victime au mobbing, vouées à plus ou moins de succès, 1994, p. 115 et suivantes.

dramatique. Heinz Leymann le premier a insisté sur le fait qu'une situation de stress créait une pathologie (ceci est confirmé par tous les auteurs et l'on retrouve cette observation en victimologie, voir le chapitre 2). Cette pathologie constitue d'ailleurs le premier dommage direct à la santé subi par la victime. Le « mobbeur » joue avec cette pathologie pour confirmer le bien-fondé de ses agissements en attribuant la situation à la pathologie et donc la responsabilité à la victime. Il est d'ailleurs très courant que dans le cadre d'une procédure judiciaire, le « mobbeur » ou l'employeur, dans le but de rejeter toute responsabilité contractuelle, exige la mise en œuvre d'une expertise psychiatrique de la victime qui a bénéficié d'arrêts de travail pour cause de maladie. Un entourage ignare ou de mauvaise foi n'y voit qu'une pathologie. Le processus d'exclusion est appelé ainsi à se renforcer.

Bien qu'il sache pertinemment que les choses « ne tournent pas rond », le « mobbé », à force d'être confronté à un groupe apparemment légitimé dans son action, et à un entourage qui nie ou ne saisit pas la nature de l'atteinte, s'épuise et commence à douter de soi. *« Le plus grave, en cette sorte de petite guerre, n'est pas la méchanceté de "l'auteur", mais le fait que la banalité de la prise d'ampleur usuelle d'un comportement conflictuel se focalise tout à coup sur un seul. Le "vrai méchant" serait facile à gérer et à supporter, parce qu'il est avant tout "méchant". Mais quand tout paraît en apparence normal, et que tous ressentent les choses comme étant "en ordre", mais qu'une personne se sent malgré tout mal à l'aise, à ce moment-là, ce quelqu'un aura tendance à rechercher la responsabilité chez lui-même. Et alors, celui qui n'a pas assez de ressources risque de tomber malade*[1]. »

Les conséquences du mobbing perdurent bien au-delà du moment de l'atteinte : non seulement par les conséquences directes sur la santé de la cible, sur sa confiance en soi, la confiance dans un environnement social, sa joie de vivre, son patrimoine, mais aussi par ses conséquences indirectes. Deux médecins constataient dans le quotidien suisse *Impartial* du 13 mars 1998 que « *la société sélectionne une race de travailleurs sains* ». Lors des engagements, le téléphone arabe fonctionne : « *Celui qui a eu des maux de dos, des épisodes dépressifs ou des arrêts de travail n'a presque plus de chances d'être recruté.* » Inutile

---

1. Walter, H., 1993, p. 37.

d'expliquer plus longuement ce qu'une telle approche peut impliquer pour une victime de mobbing.

Le terme « *mobbing* » interpelle tout un chacun et en effraye plus d'un : suis-je « mobbé » ? Suis-je « mobbeur » ? Ces interrogations impliquent que chacun a eu l'occasion de se confronter, à un moment ou à un autre de sa vie, à la question du mobbing. Personne ne souhaite être victime. Peut-on justifier d'être « mobbeur » ? Des tentatives vont dans ce sens, mais relèvent d'une interprétation erronée de la loi du plus fort et de la notion de compétition. Comment faire, s'interrogent certains « mobbeurs », pour protéger mes intérêts si je ne peux plus « mobber » ? Dois-je être un vaincu ? Toutefois le choix du mobbing révèle plutôt une faiblesse qu'une force. La stratégie du mobbing instaure un rapport de force entre auteur et cible, imposé à la victime et auquel elle n'est pas consentante. À l'issue de cette persécution psychologique, l'entourage voit un vainqueur et un vaincu, un gagnant et un perdant, « un fort et un faible ». Le gagnant est en général le « mobbeur » et le perdant le « mobbé ». À première vue, l'on pourrait croire qu'il ne s'agit que de la transposition au niveau humain de la célèbre loi de la nature qui veut que le plus fort gagne.

Cependant cette loi fait référence à une réelle « confrontation » entre deux membres d'une même espèce (comme deux éléphants mâles à la saison des amours). Le mobbing en revanche est par définition même une technique de non-confrontation, qui donne l'avantage au « mobbeur » uniquement parce qu'il fait usage de tous les moyens déloyaux dont il est capable pour affirmer sa suprématie. Rien à voir donc avec le dicton « que le meilleur gagne ».

Si les petits oiseaux, évoqués en début de chapitre, gagnent contre un prédateur plus fort, cela tient au fait qu'ils adoptent la stratégie de l'attaque soudaine, et non d'une confrontation dont ils sortiraient perdants. Cette attaque soudaine est d'une extrême violence, menée seul ou à plusieurs, ne laissant aucune chance de réaction au prédateur (on le voit d'ailleurs s'éloigner tout penaud). Les petits oiseaux ont toute ma sympathie, mais c'est ici aussi que la comparaison entre l'homme et l'animal prend fin. En effet, le « mobbeur », au lieu de signifier, comme le font les petits oiseaux, de manière claire et déterminée, son rejet à un « intrus menaçant », choisit d'instaurer sournoisement et de manière déloyale une véritable persécution qui se distille dans le temps, jusqu'à ce que le but de l'exclusion soit atteint, et dont il observe les effets sur la victime avec plus ou moins d'intérêt.

Ce n'est pas ce que font les petits oiseaux. C'est cette persécution et ce harcèlement qui portent atteinte aux biens les plus précieux d'un être humain : sa santé, ses perspectives économiques, les liens qu'il noue avec la société qui l'entoure. Ce n'est pas tolérable et contraire au droit : sur le plan juridique en effet, une telle conduite viole sans aucun doute le devoir général d'abstention *neminem laedere*. Il s'agit de l'un des principes fondateurs rendant possible la vie en société. Si chacun de nous a le droit de rejeter une personne qui représente pour lui une menace et/ou un obstacle dans la préservation d'un intérêt vital, personne n'a le droit d'adopter des conduites illicites. Le choix de s'abstenir de « mobber » fait ainsi appel aux notions d'éthique et de morale, voire de courage.

La pertinence de l'opinion de Heinz Leymann[1] semble donc crédible : les mécanismes du mobbing étant complexes et redoutables et un rejet représentant une expérience douloureuse lourde de conséquences, mieux vaut se protéger en croyant que le mobbing ne peut toucher que d'autres personnes que nous. Renoncer à cette croyance et comprendre avec lucidité « le jeu » du mobbing semble un atout formidable qui pourra, le cas échéant, éviter beaucoup de souffrances.

L'exclusion

La finalité du mobbing est toujours l'éloignement, l'isolement, voire l'exclusion de la victime d'un cercle de relations donné. C'est cet élément qui le différencie d'autres situations, comme des relations conflictuelles ou d'autres sortes d'atteintes à la personnalité. Le mobbing sabote et empêche la relation de communication dans un but de rejet. Dans d'autres situations, ce lien de communication est maintenu : il s'agit de litiges, de conflits envenimés, de relations pourries, de solides inimitiés ou autre, mais pas de mobbing.

---

1. Leymann, H., 1996, p. 177.

« Mobbing-*plaisir* » (« *harcèlement-perversion* »)

Il est important de différencier le « harcèlement-perversion » du « mobbing-peur ».

EN PRATIQUE

Nicole souffre d'une légère infirmité spasmodique qui se traduit par un défaut de prononciation à peine perceptible. Sur le plan professionnel, elle est tout aussi capable que ses collègues et de plus, elle suit des cours du soir pour parfaire sa formation. On ne lui confie pourtant aucune tâche qualifiée ; on la charge uniquement de faire des photocopies. On la ridiculise : « *Tu es l'idiote du service.* » Ou bien c'est son chef qui clame à tue-tête : « *Envoyez-moi donc l'idiote.* » Toute tentative de réaction de Nicole échoue. Elle reste la cible des moqueries de ses collègues[1].

Parmi les motivations des mobbeurs, Heinz Leymann relève celles qui font appel au pur désœuvrement ; au choix d'une personne en situation de faiblesse, comme un infirme, en guise d'exutoire d'une agressivité latente ou par goût de la dérision[2].

Berndt Zuschlag relève que certains cas de mobbing sont dictés par des intérêts personnels et injustifiés du « mobbeur » tels qu'« avoir la lune », un complexe d'infériorité, des impulsions sadiques qu'il assouvit aux frais de la victime. L'intérêt du « mobbeur », si on fait référence à la théorie de l'intérêt et de la peur, est l'assouvissement de tendances perverses et sadiques par humiliation de la victime, au bénéfice du plaisir du harceleur. On trouve dans ce type de mobbing quelque chose d'ordre purement « gratuit ». La peur, si on fait toujours référence à notre théorie, se traduit en effet par une très mauvaise image de soi que le « mobbeur » « fait payer » à l'autre.

Quant au choix de la victime, on pourrait appliquer ici, outre la théorie de la différence, les observations faites en victimologie sur ce

---

1. Leymann, H., 1996, p. 21.
2. Leymann, H., 1996, p. 44 et suivantes.

sujet pour d'autres types de délits ou de crimes, et notamment les personnes seules et donc en état de vulnérabilité sociale, les personnes amoindries physiquement et donc vulnérables, etc.[1]

Cette sorte de persécution fait clairement passer un message de rejet (l'objectif étant de faire du mal), mais l'exclusion n'est pas forcément le but recherché par l'auteur puisque cela coïncide également avec la perte de son « plaisir » ou de son emprise. Certains cas de bossing prennent d'ailleurs cette tournure (on pourrait parler de « bossing-plaisir »), la position d'autorité facilitant l'assouvissement de ces tendances.

EN PRATIQUE

Citons ici la savoureuse description d'Amélie Nothomb dans son roman *Stupeur et tremblements* (Albin Michel, 1999, p. 116-126) de l'invective sadique à laquelle le vice-président de la compagnie Yumimoto, M. Omochi, soumet Fubuki Mori, la supérieure hiérarchique de la protagoniste, et dont voici quelques extraits :

« *Un instant, je crus qu'Omochi allait sortir un sabre caché entre deux bourrelets et lui trancher la tête. [...] Il fit bien pire. Était-il d'humeur plus sadique que de coutume ? Ou était-ce parce que sa victime était une femme ? Ce ne fut pas dans son bureau qu'il lui passa le savon du millénaire : ce fut sur place, devant la quarantaine de membres de la section comptabilité. On ne pouvait imaginer sort plus humiliant pour n'importe quel être humain, à plus forte raison pour l'orgueilleuse et sublime Mademoiselle Mori, que cette destitution publique. Le monstre voulait qu'elle perdît la face, c'était clair. [...]. Puis les lèvres empâtées commencèrent à trembler et il en sortit une salve de hurlement qui ne connut pas de fin. [...]. Sans doute étais-je naïve de me demander en quoi avait consisté la faute de ma supérieure. Le cas le plus probable était qu'elle n'avait rien à se reprocher. Monsieur Omochi était le chef : il avait bien le droit, s'il le désirait, de trouver un prétexte anodin pour venir passer ses appétits sadiques sur cette fille aux allures de mannequin. Il n'avait pas à se justifier. Je fus soudain frappée par l'idée que*

.../...

---

1. Lopez, G., 1997, p. 51 et suivantes ; Damiani, C., 1997 ; Eliacheff, C., Soulez-Larivière, D., 2007.

.../...

j'assistais à un épisode de la vie sexuelle du vice-président, [...]. En vérité, il était en train de violer Mademoiselle Mori, et s'il se livrait à ses plus bas instincts, en présence de quarante personnes, c'était pour ajouter à sa jouissance la volupté de l'exhibitionnisme. [...]. »

Toutefois, on constate souvent que ce genre de harcèlement de nature perverse peut être suivi par la suite d'un véritable mobbing, comme c'est souvent le cas en matière de harcèlement sexuel. Cela s'explique par le fait que la victime peut devenir gênante et constituer une menace et un obstacle pour l'auteur de la première forme de harcèlement (victime qui devient un témoin gênant ou qui se rebelle ; peuvent devenir victimes de mobbing également les personnes auxquelles la victime s'est confiée, devenues donc des témoins).

Les circonstances du mobbing

Selon Heinz Leymann, « *si on le veut vraiment, il n'y a pas de* mobbing[1] ». Celui-ci devient réalité dans le cadre d'une interaction entre un ensemble de facteurs et un concours de circonstances. Parmi les circonstances, nous l'avons vu, figure l'existence d'un conflit sur lequel se greffe le mobbing. À celles-ci s'ajoutent les déficiences organisationnelles au sein de l'entreprise et l'absence de volonté, voire l'incompétence et l'incapacité de l'employeur à s'opposer au mobbing ou à y faire face.

Heinz Leymann[2] observe que, à la différence d'autres groupes, un groupe de travail ne se forme ni par hasard ni volontairement : il procède de la volonté et des décisions de l'employeur. Le but d'un groupe de travail est de fournir des prestations le plus efficacement possible. Le bon sens voudrait donc que dans le cadre du travail (ce qui pourrait être différent dans d'autres groupes) il y ait un intérêt majeur à la gestion des conflits. En effet, tout conflit, et *a fortiori* le mobbing, canalise et mobilise négativement les énergies des protagonistes en provoquant une baisse de la productivité et en générant des

---

1. Leymann, H., 1993.
2. Leymann, H., 1996, p. 45 et suivantes.

coûts supplémentaires pour l'entreprise. L'intérêt d'un employeur devrait donc, en théorie, être un bon management d'entreprise (bonne gestion des ressources humaines, directives claires, bonne répartition des tâches et des responsabilités, résolution des conflits).

Une entreprise dans laquelle du mobbing se développe présente des déficiences organisationnelles, ou tolère ce phénomène par opportunité. N'oublions pas, à titre d'exemple, le cas de T. et ses déboires rencontrés avec sa hiérarchie. C'est donc une déficience (pouvant être à l'origine du conflit professionnel qui débouchera ensuite, en se personnalisant, sur un mobbing dans l'entreprise) qui favorise d'abord puis permet l'installation dans la durée du mobbing. Cette déficience peut résulter d'inattention, d'opportunisme, de la volonté ou de la méconnaissance et de l'ignorance de l'employeur.

EN PRATIQUE

L'analogie avec d'autres types de persécution et la passivité de l'État sont frappantes. Ainsi, en février 1998, le quotidien suisse *Le Matin* titrait de la manière suivant les événements touchant en particulier l'île indonésienne de Java : « Pillages, flics passifs. Émeutes antichinoises, exutoires à la frustration de la population ». Dans le corps de l'article, on lit ensuite qu'« *au moins trois personnes ont été tuées en Indonésie au cours d'émeutes provoquées par la hausse des prix. Les pillages ont été dirigés contre les échoppes tenues par la minorité chinoise. [...] Les prix des denrées de base ont grimpé en Indonésie en raison de l'effondrement de la valeur de la monnaie nationale. [...] La plupart des échoppes qui ont été attaquées ces dernières semaines appartiennent à des Chinois de souche. Ceux-ci contrôlent une bonne partie du commerce dans l'ensemble de cet archipel de 200 millions d'habitants. Durant les périodes de vaches maigres, les Chinois deviennent régulièrement les boucs émissaires. [...] Les insurrections populaires qui se multiplient permettent en fait à la population d'exprimer sa frustration ainsi que sa colère devant la dégradation de ses conditions de vie. Mais elles ne constituent pas, dans l'immédiat tout au moins, une menace pour le régime en place. [...] Les forces de l'ordre ne faisaient rien pour empêcher les pillages, facilitant même au contraire la circulation des véhicules* ». Le commentaire précise qu'il est de tradition que, dans les périodes économiques difficiles, ce

.../...

…/…

soit aux « Chinois », terme à connotation péjorative, d'en faire les frais. Cette minorité est en effet l'objet de la « jalousie sociale » de la majorité indonésienne et en devient la cible. « *Essayez de comprendre*, expliquait un universitaire indonésien. *En fait, les Chinois tiennent chez nous aujourd'hui le rôle que les Juifs avaient en Europe au Moyen Âge.* »

« *La gestion et la conduite du personnel jouent un rôle essentiel dans l'analyse des causes du* mobbing. *Celui qui dirige mal ses employées et employés favorise le* mobbing. *La terreur psychologique sur le lieu de travail est vue par beaucoup d'experts comme un problème de direction*[1]. » C'est pour ces raisons qu'une entreprise en restructuration présente un flanc particulièrement vulnérable au mobbing puisque d'une part, elle peut présenter ces variations de groupe, observées précédemment, qui constituent un terrain fertile pour des conflits, et d'autre part, ces fluctuations peuvent s'accompagner de carences ou de déficiences managériales. L'ouvrage de Bruno Diehl et de Gérard Doublet, *Orange : le déchirement. France Télécom ou la dérive du management* (Gallimard, 2010) illustre bien ces problématiques.

La passivité au niveau directionnel est donc considérée comme une circonstance fondamentale dans le développement et la poursuite du mobbing, « *conjointement à la passivité des collègues qui prennent leurs distances avec le "mobbé"*[2] », par peur ou par intérêt, et qui sont qualifiés par Heinz Leymann de « *Möglichmacher*[3] », c'est-à-dire « ceux qui rendent cela possible ».

---

1. Schupbach, K., Torre, R., 1996, p. 89 et suivantes.
2. Rehbinder, M., 1997, p. 160.
3. Cité par Rehbinder, M., *ibid.*, p. 160, note 25.

En PRATIQUE

Le témoignage déjà cité de Vincent Talaouit[1] illustre concrètement non seulement les mécanismes de désolidarisation entre collègues qui interviennent très généralement au sein d'une entreprise en pleine restructuration, mais également ceux plus particuliers de la prise de distance par l'entourage professionnel de celui qui est devenu un mouton noir, destiné à l'exclusion.

Le nombre de cas de mobbing est ainsi particulièrement élevé dans toutes les structures fortement hiérarchisées comme les hôpitaux, les banques et les administrations publiques[2].

En PRATIQUE

Un expert en médecine du travail me faisait remarquer que dans les hôpitaux, les infirmières sont soumises à la double hiérarchie des médecins et des chefs infirmières et par conséquent à de doubles directives parfois contradictoires, qui les obligent à outrepasser l'un ou l'autre des ordres reçus. Cette situation crée des rapports de force, des relations conflictuelles qui peuvent déboucher sur du mobbing.

Les facteurs de résistance au mobbing[3]

Il est à l'évidence plus facile (mais peut-être pas moins douloureux) de résister au mobbing et d'en supporter les conséquences lorsque l'on est un ministre suédois[4], acculé à la démission mais possédant un bon compte en banque et quelques amis fidèles, que lorsque l'on est une femme divorcée, avec des enfants à charge, dont l'ex-mari néglige de verser la pension alimentaire, acculée au licenciement, sur

1. Talaouit, V. et Bernard, N., 2010.
2. Rehbinder, M., 1997, p. 160.
3. Leymann, H., 1996, p. 87 et suivantes.
4. Leymann, H., 1996, p. 90.

un marché de l'emploi en plein recul. Il ne s'agit là nullement d'un constat polémique, mais d'une observation réaliste. Les capacités de résistance au mobbing dépendent en effet autant des circonstances que des enjeux.

Heinz Leymann énumère huit facteurs de résistance.

Constitution physique et mentale

Une bonne constitution physique et mentale permet de relativiser dans une certaine mesure les atteintes psychiques et physiques dues au stress.

Confiance en soi

Elle est primordiale, car le mobbing déstabilise l'appréciation et l'interprétation que le « mobbé » a de son propre environnement et de lui-même.

Considération de l'entourage

La mise en œuvre du mobbing touche à la fois directement l'intégrité personnelle de la victime (réputation professionnelle, personnelle, image sociale), mais aussi indirectement par le processus de stigmatisation que nous avons examiné plus haut, et par la place que prend le « mobbé » dans la perception collective. L'attitude de l'entourage à l'encontre de la victime peut ainsi se modifier radicalement, aggravant considérablement les conséquences du mobbing.

Soutien de l'entourage (social support)

Ce soutien est considéré par les chercheurs comme l'un des plus importants facteurs de résistance. La reconnaissance de soi par les autres renforce l'équilibre mental de la victime. Cependant, la mise en œuvre du mobbing peut justement saboter ce soutien. C'est pourquoi il est essentiel que l'entourage de la victime soit capable de reconnaître la réelle nature de l'atteinte en cours et prenne connaissance des mécanismes du mobbing.

Conditions matérielles stables

La précarité matérielle est, par exemple, l'un des facteurs qui, avec les difficultés de la preuve, décourage définitivement l'action en justice et donc l'accès à la réparation. Toutefois, en général, l'effet rassurant d'une réserve financière permet de mieux résister à l'atteinte. *A contrario*, des conditions financières précaires ajoutent à l'atteinte en favorisant l'exclusion sociale (chômage, aide sociale, rente invalidité).

Marge de manœuvre

Cela induit d'avoir le choix entre plusieurs solutions. L'indépendance financière accroît cette marge, puisqu'elle permet par exemple à la victime de se donner du temps avant de refaire des plans de vie. Plus simplement, elle lui offre le choix de s'éloigner de ses agresseurs. Le soutien de l'entourage pour entreprendre une telle démarche s'avère alors primordial.

Capacité à résoudre ses problèmes

Il ne s'agit pas seulement d'une capacité intellectuelle. Le mobbing isole la victime ; il veille à ce qu'elle ne sache rien de ce qui se trame contre elle, en lui interdisant, par exemple, de changer un comportement qui lui serait reproché et de redresser ainsi la situation.

Savoir s'orienter en société

Cette faculté présuppose la connaissance de ses droits, des instances ou des personnes susceptibles de fournir de l'aide, enfin des mécanismes sociaux pouvant interagir avec ceux du mobbing.

À ces facteurs s'ajoutent des facteurs circonstanciels pouvant atténuer ou aggraver l'impact du mobbing : ce qui est grave pour l'un peut être plus banal pour l'autre. Ceci relèvera du lien que le « mobbé » entretient avec le bien lésé (sa santé, sa réputation), de la « nouveauté » de l'expérience pour la victime, de son degré d'imprévisibilité, et de la possibilité d'y fournir une explication.

Les questions à poser

Il semble important que celui qui est appelé à intervenir dans un cas de mobbing procède à examiner attentivement l'ensemble des circonstances à l'intérieur desquelles le processus se déroule et de s'efforcer de donner réponse aux questions suivantes.

Le « mobbeur »

Bien qu'il s'agisse du monde intérieur du « mobbeur », il faut essayer d'identifier ses motivations et le but qu'il veut atteindre :

▶ quelles sont les éventuelles peurs qu'il essaie de compenser, refouler ou vaincre par le mobbing ?

▶ quel objectif poursuit-il par cette activité ou quel intérêt se propose-t-il de préserver ?

S'il n'est pas possible d'entrer en contact avec le « mobbeur », la victime est souvent en mesure, par une description des événements et des circonstances, de fournir des pistes qui permettent d'échafauder certaines hypothèses.

L'entreprise

Il faut tenter d'établir les causes d'une éventuelle passivité de l'entreprise ou de l'échec qu'elle a essuyé dans la résolution du problème :

▶ quelles sont les insuffisances dans l'organisation de l'entreprise qui permettent le mobbing ?

▶ quel but poursuit l'employeur, persuadé de pouvoir l'atteindre plus facilement en tolérant le mobbing ?

Le « mobbé »

Quel facteur (ou facteurs) touchant le « mobbé » agit-il par interaction avec les motivations du mobbeur ? Il faut essayer d'établir s'il s'agit d'éléments inhérents à la personne (sur lesquels vraisemblablement le « mobbé » aura peu de prise) ou inhérents à la personnalité (sur lesquels le « mobbé » pourra éventuellement exercer une influence)[1].

---

1. Pour les trois premiers points, voir Zuschlag, B., 1994, p. 113.

Les actes hostiles

Il faut discerner et répertorier le plus clairement possible les agissements choisis par le « mobbeur » et leur chronologie.

L'entourage

Il faut analyser ses réactions. Il s'agit d'établir d'une part d'éventuelles complicités au mobbing et d'autre part la présence ou l'absence de soutien. En fonction du soutien et de la collaboration de collègues (par exemple pour des témoignages) ou des proches (soutien, par exemple, à une action en justice) le « mobbé » pourra envisager ou pas certaines démarches.

Une fois le scénario établi, il sera plus facile d'évaluer les difficultés du cas (par exemple, le refus de collaboration de l'entreprise) et de choisir les réponses en fonction des paramètres ainsi identifiés.

CHAPITRE 2

Communication non éthique et déplacement de responsabilité sur la victime

Un facteur de compréhension essentiel

J'ai sollicité des éthiciens dans l'espoir d'obtenir une publication capable de clarifier la notion de communication non éthique, qui semble essentielle et pourtant peu comprise en matière de mobbing. Les circonstances, hélas, font qu'à ce jour mes souhaits ne se sont pas réalisés. Aussi, voici quelques observations et réflexions personnelles sur le sujet. En effet, la question de la communication non éthique et du déplacement de responsabilité sur la victime de mobbing par le ou les auteur(s) est centrale et permet de mieux cadrer et d'en comprendre les mécanismes.

Pour mémoire, Heinz Leymann a relevé que « le mobbing *semble avoir peu d'effet lorsqu'il intervient dans le domaine des loisirs, de l'engagement politique ou de l'activité sportive. Il n'atteint rien d'essentiel [...]. En revanche, le* mobbing *sur le lieu de travail entraîne souvent des difficultés dans la vie privée, la vie conjugale elle-même pouvant être touchée. La prédominance de la vie professionnelle sur les autres sphères de l'existence en est l'explication principale ; être la victime de* mobbing *professionnel implique ainsi un danger pour l'équilibre et la qualité de l'existence en général[1] ».*

Dans le cadre de mon activité professionnelle, je suis amenée à examiner les effets du mobbing sur les victimes dans leurs diverses composantes : perte de l'emploi, chômage, difficultés de réinsertion, exclusion définitive du monde du travail, invalidité temporaire ou permanente ou départ en retraite anticipée, crise d'identité, isolement social, sentiments d'injustice, pensées suicidaires, nouvelles orientations personnelles et professionnelles. S'agissant plus particulièrement de l'état de santé physique et psychique des victimes, je me suis souvent interrogée sur les raisons qui font que le mobbing puisse laisser des traces aussi profondes, voire parfois indélébiles, dans leur âme et leur esprit.

J'ai pu observer que les victimes peinaient à décrire clairement les sentiments qui les habitaient et les raisons faisant que ces sentiments si ancrés et puissants les envahissaient, voire les hantaient. Les victimes expriment souvent ce ressenti par les termes « trahison », « humiliation » ou « viol ». Un constat s'impose : les victimes de mobbing sont véritablement traumatisées et les pensées obsessionnelles se focalisent sur un profond sentiment d'injustice.

Des différents récits entendus, il semble que ce qui blesse à un tel point demeure le fait qu'un tiers, le « mobbeur », dans le but de préserver ses propres intérêts ou d'atteindre ses objectifs, s'octroie le pouvoir de modifier le cours de la vie de sa cible, parfois durablement. En définitive, la victime est habitée par un sentiment impuissant de révolte causé par l'emprise que l'auteur a pu avoir sur sa vie, alors même qu'elle avait été incapable d'imaginer qu'une telle emprise puisse exister. D'autant plus que cette emprise s'est concrétisée par la mise en œuvre de moyens déloyaux : actes hostiles, communication non éthique et inversion des rôles entre victime et auteur, puisque c'est la victime qui est érigée en coupable, méritant ainsi le rejet qui lui est signifié.

En effet, si les actes hostiles perpétrés par l'auteur à l'encontre de sa cible sont par définition même exempts de toute éthique, il faut sans doute rechercher le cœur du drame dans les notions de communication

---

1. Leymann, H., 1996, p. 39.

non éthique et de déplacement de responsabilité sur la victime. Le « mobbeur » adopte en effet ce mode particulier de communication. Il ne s'agit en rien de difficultés de communication, mais bel et bien de pervertir cette dernière, par la seule volonté de l'auteur. Il peut ainsi déplacer la responsabilité de la situation, créée par lui, sur la victime. Ce stratagème lui permet d'exclure sa cible du statut de victime.

Le « mobbeur » se livre en quelque sorte à l'art du mensonge, de la manipulation des faits et des dires, de l'interprétation opportuniste et de mauvaise foi d'événements et de déclarations, la vérité n'étant que dans son camp.

La première blessure

Elle intervient dans le cadre de l'interaction de la victime avec l'auteur. En transposant ici une réflexion de Jürgen Habermas, célèbre philosophe et sociologue allemand, nous retiendrons que l'adoption par le ou les auteur(s) d'un mode de communication qui « viole » les « normes » de communication « normales » que tout être humain est légitimement en droit d'attendre de la part d'un interlocuteur provoque un premier sentiment d'injustice qui, s'il n'est pas réparé (par des excuses ou des regrets), fait naître un sentiment d'indignation et de ressentiment qui persiste à hauteur de l'impuissance que ressent la victime à rétablir le sentiment de justice[1]. Il s'agit en effet de la transgression de « *l'attente narrative sous-jacente et fondamentale valable, non seulement pour moi et pour autrui, mais aussi pour toute personne qui appartient à un même groupe social, et même, dès lors qu'il s'agit de normes strictement morales, pour tout acteur responsable*[2] ».

Jürgen Habermas relève l'indignation avec laquelle nous réagissons aux humiliations et note que « *si l'offense causée n'est pas réparée, d'une façon ou d'une autre, cette réaction sans équivoque persiste et se renforce en un ressentiment latent. Or, ce sentiment révèle par sa persistance qu'il y a une dimension morale dans le fait de subir une humiliation. En effet, ce n'est pas un sentiment qui, comme la frayeur ou la fureur, répond immédiatement*

---

1. Habermas, J., 1986, p. 63-130, en particulier p. 68-69.
2. Habermas, J., 1986, p. 63-130, en particulier p. 68-69.

à l'offense, mais un sentiment réactif vis-à-vis de l'injustice révoltante qu'autrui a commise à mon endroit. Autrement dit, le ressentiment est l'expression d'une condamnation morale (plutôt impuissante)[1] ». C'est en effet dans l'adoption par l'auteur de ce mode de communication que semble résider la différence entre le mobbing et d'autres situations, comme une simple relation conflictuelle.

Ce mode de communication fait que la victime subit une distorsion et une manipulation de la réalité qui l'entraînent dans la perte de ses références et détruisent ses repères. Elle ne peut plus « fonctionner », ce qui est source d'angoisse. Elle est appelée à se mouvoir dans une « réalité nouvelle » dont les paramètres sont créés par le « mobbeur » par le biais du discrédit. Elle est parachutée sur un îlot d'anormalité au milieu d'une apparente normalité.

Il semble donc que ce soit dans l'ancrage profond du ressentiment éprouvé face à l'injustice subie qu'interviennent les pensées obsessionnelles et autres symptômes typiques répertoriés, permettant de parler de PTSD (*Post-Traumatic Stress Disorder* ou « trouble de stress post-traumatique ») pour qualifier l'état de santé psychique souvent diagnostiqué chez les victimes de mobbing (une étude menée en 2010 par les universités d'Amsterdam et de Leiden a montré que le rejet social provoquait des réponses physiques, en particulier sur l'activité cardiaque). Un tel état s'observe en effet chez des sujets ayant vécu un événement stressant particulièrement menaçant pour la vie ou l'intégrité physique. Or, le mobbing, comme nous l'avons vu, met en péril à la fois plusieurs paramètres de la vie d'un individu.

C'est à ce niveau aussi que l'on peut comparer mobbing et harcèlement sexuel ou d'autres formes de violence sexuelle, répertoriés parmi les causes de PTSD, ainsi que leurs conséquences les plus connues (perte d'estime de soi, sentiment de honte, détresse, dépression, pensées obsessionnelles, flash-back, trous de mémoire, détachement émotionnel, perte d'intérêt, évitement volontaire de lieux, situations et conversations, perturbation du sommeil, cauchemars, palpitations, etc.). Ils présentent de troublantes similitudes avec celles vécues et décrites par les victimes de mobbing.

---

1. Habermas, J., 1986, en particulier p. 66 et référence citée.

La psychiatre et psychothérapeute française Marie-France Hirigoyen, à qui l'on doit d'importantes publications en France sur le harcèlement moral, décrit les conséquences du harcèlement sur la santé de la victime et leurs étapes successives : stress et anxiété, dépression, troubles psychosomatiques, stress post-traumatique, désillusion, réactivation des blessures passées, sentiments de honte et d'humiliation, perte de sens, modifications psychiques (dévitalisation avec état dépressif chronique ; rigidification et apparition de traits paranoïaques), défense par la psychose[1]. Ces observations confirment qu'en cas de plainte de la part d'un de leurs collaborateurs, une réaction rapide des employeurs, de droit privé et de droit public, est indispensable.

À SAVOIR

« Les critères diagnostiques du F43.I (309.81) - Trouble, état de stress post-traumatique[2] :

A. Le sujet a été exposé à un événement traumatique dans lequel les deux éléments suivants étaient présents :

– le sujet a vécu, a été témoin ou a été confronté à un événement ou à des événements durant lesquels des individus ont pu mourir ou être très gravement blessés ou bien ont été menacés de mort ou de grave blessure ou bien durant lesquels son intégrité physique ou celle d'autrui a pu être menacée ;

– la réaction du sujet à l'événement s'est traduite par une peur intense, un sentiment d'impuissance ou d'horreur.

B. L'événement traumatique est constamment revécu, de l'une (ou de plusieurs) des façons suivantes :

– souvenirs répétitifs et envahissants de l'événement provoquant un sentiment de détresse et comprenant des images, des pensées ou des perceptions ;

– rêves répétitifs de l'événement provoquant un sentiment de détresse ;

.../...

---

1. Hirigoyen, M.-F., 2001, p. 131-149.
2. American Psychiatric Association - DSM-IV, *Manuel diagnostique et statistiques des troubles mentaux*, (version internationale, Washington DC, 1995, 4ᵉ éd.), traduction française par J.-D. Guelfi et éditions Masson, 1996, p. 498-504.

…/…

– impressions ou agissements soudains « comme si » l'événement traumatique allait se reproduire (incluant le sentiment de revivre l'événement, des illusions, des hallucinations, et des épisodes dissociatifs [flash-back], y compris ceux qui surviennent au réveil ou au cours d'une intoxication) ;

– sentiment intense de détresse psychique lors de l'exposition à des indices internes ou externes évoquant ou ressemblant à un aspect de l'événement traumatique en cause ;

– réactivité physiologique lors de l'exposition à des indices internes ou externes pouvant évoquer ou ressembler à un aspect de l'événement traumatique en cause.

C. Évitement persistant des *stimuli* associés au traumatisme et émoussement de la réactivité générale (ne préexistant pas au traumatisme), comme en témoigne la présence d'au moins trois manifestations suivantes :

– efforts pour éviter les pensées, les sentiments ou les conversations associées au traumatisme ;

– efforts pour éviter les activités, les endroits ou les gens qui éveillent des souvenirs du traumatisme ;

– incapacité de se rappeler d'un aspect important du traumatisme ;

– réduction nette de l'intérêt pour des activités importantes ou bien réduction de la participation à ces mêmes activités ;

– sentiment de détachement d'autrui ou de devenir étranger aux autres ;

– restriction des affects (par exemple, incapacité à éprouver des sentiments tendres) ;

– sentiment d'avenir « bouché » (par exemple, pense ne pas pouvoir faire carrière, se marier, avoir des enfants, ou avoir un cours normal de la vie).

D. Présence de symptômes persistants traduisant une activation neurovégétative (ne préexistant pas au traumatisme) comme en témoigne la présence d'au moins deux manifestations suivantes :

– difficultés d'endormissement ou sommeil interrompu ;

– irritabilité ou accès de colère ;

– difficultés de concentration ;

– hypervigilance ;

– réaction de sursaut exagérée.

E. La perturbation (symptômes des critères B, C et D) dure plus d'un mois.

F. La perturbation entraîne une souffrance cliniquement significative ou une altération du fonctionnement social, professionnel ou dans d'autres domaines importants. »

Puisque l'état de stress post-traumatique est lié à des événements trau-matiques vécus directement (en tant que victime ou témoin direct) comprenant de manière non limitative le combat militaire, les agres-sions personnelles violentes (agression sexuelle, attaque physique, vol), kidnapping, prise d'otage, attaques terroristes, torture, incarcéra-tion en tant que prisonnier de guerre, accidents de voiture graves, le fait d'être diagnostiqué comme souffrant d'une maladie mettant en jeu le pronostic vital, certains psychiatres ou psychologues s'orientent, en matière de mobbing, vers les problèmes liés au deuil : la victime de mobbing, en plus d'être confrontée aux actes malveillants, à la com-munication non éthique et au report de responsabilité sur elle, doit en effet affronter, selon les circonstances, des pertes importantes comme la perte de l'image sociale, de l'image de soi, de la santé physique ou psychique, de l'emploi, des liens sociaux, de famille, etc.

La deuxième blessure

Elle intervient lorsque l'employeur, tenu de respecter et de protéger la personnalité de son travailleur et donc de le préserver du mob-bing, faillit à ses devoirs, involontairement ou volontairement.

Dans le cas de figure d'une conduite volontaire, on pourrait évo-quer, s'agissant d'un employeur qui n'est pas lui-même le « mobbeur », de « l'art de croire aux mensonges du "mobbeur" », voire d'y participer. Toute négation (participation passive) de la réelle nature des événements en cours, ou toute forme de complicité (participation active) contribue à laisser perdurer ce mode de com-munication exempt d'éthique, à amplifier donc l'atteinte et à partici-per ainsi au désarroi de la victime.

Selon Jürgen Habermas, les adeptes de ce mode de communication peuvent justifier leurs actes en se retranchant derrière des pseudo-raisons « pratico-morales » ou en niant l'existence même de l'« attente normative » invoquée par la victime.

Dans le cas de figure d'une conduite involontaire, l'employeur qui « ne voit pas » ce qui se trame favorise également la poursuite de ce mode de communication et donc de l'atteinte, puisqu'il ne reconnaît pas, par manque de compétence cette fois, que son travailleur est victime de mobbing.

Ce dernier subit ainsi une deuxième violation du « cadre normatif », dont il était légitimement en droit d'attendre qu'il soit respecté.

La troisième blessure

Lorsque l'employeur, aveugle par volonté ou incompétence, persiste dans son attitude et que l'affaire est traduite en justice, on constate bien souvent que les stratégies qu'il adopte s'apparentent à celles privilégiées dans les affaires de viol ou de harcèlement sexuel : déconsidérer la victime, persister dans les accusations mensongères formulées par le « mobbeur » et les conforter, salir la victime et la décrédibiliser. En deux mots, persister dans le mode de communication non éthique et d'inversion des rôles. Cette troisième blessure touche la victime en raison du fait qu'une fois encore, elle est confrontée à la violation de ce « cadre normatif » dont elle espérait le respect.

La quatrième blessure

Enfin, la quatrième blessure se produit quand la justice se révèle impuissante (par manque d'indices suffisants ou de preuves), ou, pire, réticente à reconnaître le mobbing, et que la fonction réparatrice de la reconnaissance de l'atteinte fait définitivement défaut.

Dès le début, mais *a fortiori* dans un tel cas de figure, les victimes sont appelées à puiser dans leurs propres ressources de résilience. Il faut d'ailleurs faire confiance à cette incroyable force de guérison que chaque être possède en lui et que j'ai pu observer œuvrer avec succès.

En revanche, une approche thérapeutique spécifique prenant la réelle mesure des mécanismes décrits fait encore défaut. C'est bien souvent en travaillant sur elle-même, en analysant de nouveau ses valeurs morales et éthiques, en devenant plus réaliste sur les réalités sociales, et en se recentrant sur une philosophie de vie personnelle que la victime réussit à répondre efficacement, malgré tout, à ce défi de la vie imposé par le ou les « mobbeur »(s) contre sa volonté.

CHAPITRE 3

La définition du mobbing

En France comme en Suisse, la définition du harcèlement moral ou psychologique et du mobbing pose problème. Nous savons que « harceler » signifie *« soumettre quelqu'un à des attaques répétées, incessantes, tourmenter avec obstination »* (*Le Petit Larousse*, 2008). Cependant, pour ses déclinaisons, la confusion règne.

Dans ce chapitre, nous allons examiner la nature de cette confusion et tenter de prouver que le harcèlement moral ou psychologique est une catégorie générale où coexistent des phénomènes différents : mobbing, stalking, « harcèlement-perversion », souffre-douleur, bullying et « harcèlement-manipulation ». Nous allons aussi voir que pour reconnaître ces phénomènes, il faut les définir *avec exactitude* et qu'il importe de différencier ces situations, parce que chacune fait appel à des remèdes spécifiques. En outre, les conséquences endurées par la victime sont liées à l'agression subie et peuvent être sous-estimées ou incomprises en cas de diagnostic incorrect, risquant ainsi de l'exposer à une victimisation plus forte. Par ailleurs, ce chapitre s'efforce de démontrer que ces conséquences sont une variable et ne peuvent fonder une définition ; en revanche, elles peuvent être un indicateur utile pour poser le diagnostic. Enfin, cette confusion et l'insécurité qu'elle engendre sont préjudiciables : comment un juge, un expert, un dispositif anti-harcèlement, un employeur, une victime ou un médecin peuvent-ils agir de façon appropriée lorsque les réponses à la question centrale, l'identification des divers phénomènes et donc leur définition, sont variables et mouvantes ?

Harcèlement, mobbing et confusion avec d'autres situations

L'expression « harcèlement moral », voire « harcèlement psycho-logique », est souvent employée pour signifier un phénomène identique au mobbing. Or cela est inexact, dans la mesure où le mobbing est une forme de harcèlement psychologique au même titre que le stalking, le bullying, le « harcèlement-perversion » ou encore certaines formes de conduite manipulatrice (voir le chapitre 7).

EN PRATIQUE

À titre d'exemple, citons le quotidien local suisse *Impartial* du 7 mars 2009 indiquant qu'une Suissesse a été condamnée à Vienne à sept mois de prison, dont un ferme, pour harcèlement, en particulier pour du stalking. On y lit que « *cette enseignante de 58 ans avait poursuivi un curé viennois sur une période de plus de dix ans. L'ecclésiastique de 37 ans recevait des centaines de lettres et de courriels par jour avec des déclarations d'amour. Il n'osait par ailleurs plus répondre au téléphone, car elle l'appelait une vingtaine de fois quotidiennement. Même durant sa détention préventive, elle a cherché à joindre le prêtre. L'enseignante, qui a perdu son travail à la suite de son arrestation, a toutefois été jugée responsable de ses actes* ».

Si la conduite de cette Suissesse peut bel et bien être qualifiée de harcèlement moral ou psychologique, elle ne peut toutefois pas être qualifiée de mobbing, puisque ce dernier désigne la répétition d'actes hostiles visant l'éloignement et l'exclusion de la cible. Dans ce cas, il s'agit en effet de stalking, une conduite obsessionnelle motivée par la quête de sentiments amoureux.

> **À SAVOIR**
>
> Stalking vient de l'anglais et est employé dans le domaine de la chasse : « s'approcher furtivement ». Il s'agit d'une persécution obsessionnelle, d'un harcèlement obsessionnel. Le plus souvent, il est le fait d'un soupirant éconduit ou d'un partenaire faisant face à une rupture amoureuse. Plus rarement l'auteur n'est pas connu de la victime ou appartient à son entourage personnel ou professionnel, mais agit dans l'anonymat. Les personnalités en vue et les personnes travaillant dans le domaine de la santé et de l'éducation sont davantage exposées au risque de persécution obsessionnelle. Le harcèlement obsessionnel peut aboutir à une agression physique ou sexuelle, jusqu'à l'homicide de la victime.

Nous avons vu également que le mobbing était une question complexe aux nombreuses subtilités qui en favorisent la naissance et la poursuite. Abordons plus en détail et sous un angle critique certains aspects spécifiques touchant aux problèmes de définition.

Le droit impose à l'employeur de respecter et de protéger, dans les rapports de travail, les droits de la personnalité de son travailleur en s'abstenant lui-même de toute atteinte illicite et en veillant à écarter toute atteinte illicite venant de tiers par l'adoption de mesures adéquates en prévention et en cessation d'atteinte (voir chapitre 5). La jurisprudence suisse rendue en application de ces dispositions a d'ores et déjà confirmé que le mobbing entrait dans son champ d'application ; la législation française, pour sa part, a adopté les dispositions *ad hoc* que nous examinerons au chapitre 5.

On observe actuellement que le nombre de travailleurs s'estimant victimes de mobbing est très important. Il est d'ailleurs indéniable que les statistiques présentées dans le premier chapitre retiennent des chiffres très alarmants[1], qui se traduisent en coûts économiques extrêmement élevés[2]. On parle en milliards et de problèmes de santé publique.

---

1. Leymann, H., 1996, p. 104 (3,5 % de travailleurs touchés) ; SECO (centre de compétence de la Confédération suisse pour toutes les questions ayant trait à la politique économique), 2003, p. 22 (7,6 % de travailleurs touchés) ; Rehbinder, M., 1997, p. 159 ; Ravisy, P., 2004, p. 17 (30 % de salariés).
2. Wennubst, G., 1999, p. 191 et suivantes, et auteurs cités.

Toutefois, il y a lieu de se demander si tous les travailleurs pensant être victimes de mobbing le sont vraiment. En effet, lorsque l'on prend la peine d'interroger les plaignants sur la définition du mobbing, l'on obtient autant de définitions que de plaignants. Dès lors, il ne semble pas judicieux de se fier à leurs sentiments subjectifs pour poser un diagnostic.

Prenons par exemple les situations suivantes : stress, *burn-out*, perversion, manipulation, bullying, souffre-douleur, bouc émissaire, agression, agressivité, relations conflictuelles, inimitiés, méchanceté, conflits de travail, antagonisme, malentendus, brimades, maltraitance, brutalité, critiques, conspiration, complot, cabale, intrigue, harcèlement sexuel, importunité sexuelle, conduites abusives, abus de pouvoir, gestion abusive du personnel, grossièreté, management « à l'américaine », intimidation, pressions, snobisme, incompétences professionnelles ou humaines, caractère lunatique, impolitesse, autoritarisme, représailles, limogeage, mobbing suite à un *whistleblowing*, bizutage, incivilités, racisme, etc.

Devant le nombre important de plaintes pour mobbing, il convient donc de garder à l'esprit qu'il existe un risque élevé de confusion entre phénomènes différents et parfois parents. Lorsque je suis consultée dans le cadre de ma pratique d'avocate, mes clients sont à l'évidence en état de mal-être, de souffrance, voire bien souvent déjà en arrêt de travail pour cause de maladie. Et l'on peut facilement admettre qu'être victime de l'une ou l'autre des conduites susmentionnées, que ce soit de la part d'un employeur, d'un supérieur hiérarchique, de collègues ou de subordonnés, est source de souffrance[1].

La souffrance est dès lors une réalité commune à toutes ces situations. On peut ainsi retenir que si la souffrance est un indice révélateur et pertinent de l'existence d'un cas de mobbing, ce n'est pas un indicateur fiable de sa réalité. Comment identifier alors le plus sûrement possible un processus de mobbing et le différencier des autres situations données en exemple, en particulier lorsqu'elles se caractérisent par la répétition d'actes pouvant aisément être confondue avec celui-ci ? Venons-en dès lors à la définition du mobbing.

---

1. Fromaigeat, D., Wennubst, G., 2000.

Faut-il définir le mobbing ?

Existe-t-il un réel intérêt à identifier avec précision toutes les situations mentionnées précédemment, en particulier le mobbing, et à les différencier les unes des autres, puisqu'elles entrent toutes dans le champ d'application du droit par le biais des dispositions légales qui protègent la personnalité de l'être humain en général et du travailleur en particulier, dispositions qui seront examinées au chapitre 5 ?

Pouvons-nous donc faire l'économie d'examiner rigoureusement la question de la définition de mobbing ? Comme nous allons le voir, il existe un certain nombre de motifs en droit qui nous obligent, tôt ou tard, à poser un diagnostic ciblé, et donc à adopter une définition adéquate et pertinente du mobbing. Ces raisons naissent des spécificités mêmes du phénomène qui ont à leur tour des implications en droit.

Quelques définitions retenues par la jurisprudence et par le dictionnaire

En France, c'est la notion de harcèlement moral en général, et non celle de mobbing, peu connue, qui est ancrée dans la loi. Cette notion est toutefois sujette à critiques et à discussions. En Suisse, si la notion de harcèlement sexuel est ancrée dans la loi, celle de harcèlement psychologique, utilisée comme synonyme de mobbing, est une construction doctrinale et jurisprudentielle. La jurisprudence suisse a donc comme rôle délicat et ardu d'adopter une définition qui puisse appréhender le phénomène en général et résoudre les cas d'espèce.

La France, par l'article L. 1152-1 (anciennement L. 122-49 al. 1) du Code du travail (Titre V, Harcèlements), s'est dotée de la disposition suivante : « *Aucun salarié ne doit subir les agissements répétés de harcèlement moral qui ont pour objet ou pour effet une dégradation des conditions de travail susceptible de porter atteinte à ses droits et à sa dignité, d'altérer sa santé physique ou mentale ou de compromettre son avenir professionnel*[1]. »

---

1. Inséré par la loi n° 2002-73 du 17 janv. 2002 art. 169 I, *Journal officiel* du 18 janv. 2002.

En Suisse, en l'état, on recense pléthore de définitions, car chaque dictionnaire, institution, syndicat, auteur, organisme, convention collective, règlement d'entreprise, journaliste et association retient la sienne. Dans le cadre des relations de travail régies par le droit public, il y a lieu de se référer aux lois et aux règlements sur le personnel au niveau fédéral, cantonal et communal. Souvent, ces règlements contiennent une définition de harcèlement psychologique, ou de mobbing. J'ai pu ainsi répertorier jusqu'à quarante définitions différentes.

Toutes ces définitions ne s'excluent d'ailleurs pas forcément les unes les autres. Elles tendent plutôt à souligner ou à mettre en exergue l'un ou l'autre des aspects du phénomène : la répétition des actes, les conséquences pour la victime ou encore la finalité du processus.

À titre d'exemple, Marie-France Hirigoyen a choisi, en sa qualité de psychiatre, de privilégier les conséquences de ce comportement sur les personnes qui en sont victimes et propose ainsi la définition suivante : « *Le harcèlement moral au travail est toute conduite abusive (geste, parole, comportement, attitude, etc.) qui porte atteinte par sa répétition ou sa systématisation à la dignité ou à l'intégrité psychique ou physique d'une personne, mettant en péril l'emploi de celle-ci ou dégradant le climat de travail*[1] ». ***J'y vois une définition de harcèlement psychologique au sens large, qui peut appréhender autant un cas de* mobbing *proprement dit qu'un cas de souffre-douleur, de bouc émissaire ou de « harcèlement-perversion », les conséquences décrites pouvant se réaliser dans ces divers cas de figure.***

Une telle définition ne peut pas être opérante en droit pour de multiples raisons : le choix de l'expression « conduite abusive » ne permet pas d'appréhender tous les cas de figure. Par exemple, le refus de saluer la victime est-il une conduite abusive ? Pas nécessairement. Pourtant, il signifie un rejet et il s'agit de l'un des actes classiques de mobbing. Les conséquences décrites sont variables selon les cas. Par exemple, *quid* si les actes ne portent pas atteinte à la dignité de la personne mais à tous les autres biens de sa personnalité ? *Quid* encore si une victime est peu atteinte physiquement, mais que sa

---

1. Hirigoyen, M.-F., 2002, p. 1.

réputation professionnelle est salie et qu'elle perd définitivement son travail, voire ses chances de poursuivre sa carrière professionnelle ? Le critère des conséquences, qui constitue par définition même une variable, ne peut ainsi pas fonder la définition d'une notion.

La tâche d'un Tribunal, appelé à trancher un cas d'espèce, est d'autant plus importante que l'on s'accorde à penser que la reconnaissance de l'atteinte a « une fonction réparatrice » (ATF 127 I 115 consid. 7c ; ATF 2P.207/2002, consid. 1.2.1.), et contribue à la reconstruction de l'équilibre psychique de la victime.

De la définition retenue dépendra ainsi le sort de la victime, puisque le choix d'une mauvaise définition permettra à un Tribunal d'écarter un cas de mobbing alors qu'il est en réalité réalisé dans les faits.

Définition du Petit Larousse illustré (2008)

Sous l'expression « harcèlement moral », nous trouvons la définition suivante : « *Agissements malveillants et répétés à l'égard d'un subordonné ou d'un collègue, en vue de dégrader ses conditions de travail et de le déstabiliser.* »

Trois éléments dans cette définition sont critiquables. Le premier est l'absence de toute distinction entre les différentes formes de harcèlement moral. Le deuxième est la notion restreinte de victime du harcèlement. Le troisième concerne la finalité du harcèlement, qui est uniquement de dégrader les conditions de travail ou de déstabiliser la victime.

Arrêt du Tribunal fédéral suisse (ATF) 2P.207/2002 du 20 juin 2003

Dans un arrêt du 20 juin 2003, cause 2P.207/2002 (consid. 4.2), le Tribunal fédéral suisse retient que « *le harcèlement psychologique, appelé aussi* mobbing, *se définit comme un enchaînement de propos et/ou d'agissements hostiles, répétés fréquemment pendant une période assez longue, par lesquels un ou plusieurs individus cherchent à isoler, à marginaliser, voire exclure une personne sur son lieu de travail* ». Il en déduit *a contrario* que « *le* mobbing *ne saurait résulter d'un seul acte hostile ou de quelques comportements isolés, même si ces derniers causent un préjudice ou constituent une véritable atteinte à la personnalité du travailleur. Ainsi, il n'est pas arbitraire de considérer qu'un seul acte hostile, ni même deux, ne suffisent pas à former un tel enchaînement, partant un harcèlement psychologique* » (ATF 2P.207/2002, consid. 4.3.2).

La définition susmentionnée reprend celle proposée par maître Jean-Bernard Waeber (in AJP 7/1998, p. 792), retenue précédemment par un jugement du Tribunal des prud'hommes de Genève du 20 juillet 1998, confirmée en ATF 2C.2/2000. Jean-Bernard Waeber s'est appuyé à son tour pour l'essentiel sur les travaux de Heinz Leymann[1], ce détail ayant toute son importance, comme nous le verrons par la suite.

Les éléments critiquables dans cette définition sont les critères de durée et de fréquence, les actes hostiles devant se répéter « *fréquemment pendant une période assez longue* ».

Jugement du Tribunal de police du district du Val-de-Ruz (Suisse) du 8 septembre 2003

Dans un premier jugement en application du droit pénal suisse (art. 125 et 126 Code pénal suisse[2]) et des dispositions pénales de la Loi fédérale suisse sur le travail (art. 59 et 60 LTr)[3], le Tribunal de police du district du Val-de-Ruz s'est référé à un ouvrage américain selon lequel le « *harcèlement émotionnel sur le lieu de travail est une alliance de collègues, de subordonnés ou de supérieurs pour forcer quelqu'un à quitter sa place de travail, par des rumeurs, des insinuations, des actes tendant à l'humilier, le discréditer, l'isoler. Ce harcèlement est malveillant et généralisé. Il n'est pas d'ordre sexuel ou racial[4]* ».

Qui sont donc les auteurs pour cette instance ? Une alliance de personnes. Leur but ? Forcer « la cible » à quitter son emploi. Comment ?

---

1. De même pour les autres auteurs cités par l'arrêt : Wyler, R., 2002, p. 237 ; Rehbinder, M., Kranz, A., 1996, p. 17-49 ; Conne-Perréard, É., 2002, p. 89 et suivantes, spécialement p. 91 et suivantes.
2. Code fédéral pénal suisse du 21 déc. 1937 (RS 311).
3. Loi fédérale suisse du 13 mars 1964 sur le travail dans l'industrie, l'artisanat et le commerce (Loi sur le travail, LTr, RS 822.11).
4. Davenport, N., Distler Schwartz, R., Pursell Elliott, G., 2002 : « *Emotional abuse in the workplace: ganging up by co-workers, subordinates or superiors to force someone out of the workplace through rumor, innuendo, intimidation, humiliation, discrediting and isolation. Malicious, nonsexual, nonracial, general harassment.* »

Au moyen d'une répétition d'actes, conformément à la casuistique citée. Hormis le fait que ladite casuistique ne peut certainement pas être entendue comme exhaustive, deux éléments doivent être critiqués dans cette approche : la volonté des auteurs d'exclure la victime *de sa place de travail* et le critère *d'orchestration ou d'alliance* entre auteurs.

Jugement du Tribunal des prud'hommes de Zurich (Suisse) du 23 janvier 2002[1]

Ce jugement du Tribunal des prud'hommes de Zurich retient que l'employeur est en droit de licencier le « mobbé » lorsqu'il a tout tenté pour mettre fin au harcèlement et que ce licenciement est dans l'intérêt de l'entreprise. En effet, d'avis du Tribunal, lorsque l'employeur licencie l'auteur du mobbing, le processus (commencé par d'autres auteurs) risque de ne pas s'arrêter, car la structure de la personnalité d'une personne fait que celle-ci devient victime de mobbing, ou à tout le moins que cette structure est en corrélation avec le mobbing. De ce fait, l'employeur est fondé à licencier le harcelé et non le harceleur. Le congé n'est dès lors pas abusif.

Ce qui doit être critiqué dans cette approche est l'admission généralisée d'un profil type de victime, ou d'une structure de personnalité de la victime, pouvant justifier certaines décisions de l'employeur prises à son encontre.

Contextes autres que professionnel et confusion terminologique

Aucune jurisprudence ne semble avoir eu à ce jour à se prononcer sur la question de savoir si le mobbing était une notion inhérente au contexte professionnel uniquement, ou si elle pouvait se déployer dans d'autres cadres, comme le cadre familial, les rapports de voisinage, etc. Certains auteurs, voire certaines interprétations desdits auteurs, tendent à associer cette notion au monde du travail uniquement. Cette approche se radicalise aux États-Unis, où le concept de mobbing a été popularisé par la diffusion

---

1. JAR 2003 245.

des travaux de Heinz Leymann dès 1990[1]. Cette approche réductrice doit être critiquée, comme nous le verrons par la suite.

Enfin, des États-Unis nous vient également une récente tendance à confondre mobbing et bullying, confusion qui nous semble devoir être proscrite. On risque de voir cette confusion terminologique adoptée à terme en Europe, ce qui ne pourra que contribuer à compliquer encore plus la tâche des tribunaux, des avocats, des employeurs et des victimes...

Examen de la notion de mobbing

Pour justifier notre regard critique sur les définitions retenues précédemment, examinons de près la notion de mobbing. Afin de l'appréhender correctement, il faut la resituer dans son contexte et se pencher sur ses origines, qui remontent à l'éthologie. Cette dernière étudie, entre autres, les multiples expressions de l'agressivité animale afin d'en percer les significations et les finalités. Ces comportements agressifs peuvent se manifester entre congénères (intra-espèce) pour le partage du territoire, l'établissement des hiérarchies, la sélection, la défense des petits, ou à l'encontre d'une autre espèce (inter-espèces), agression dont la fonction est la conservation de l'espèce[2].

En 1963, Konrad Lorenz, éminent biologiste et zoologiste autrichien, en évoquant l'attaque du prédateur contre la proie, fait état de « *l'acte contraire, c'est-à-dire la contre-offensive de la proie contre l'ennemi consommateur* ». Il observe que « *ce sont avant tout des animaux vivant en société qui attaquent alors la bête de proie menaçante, partout où ils la rencontrent. En anglais on appelle ce phénomène "mobbing" : l'équivalent le plus proche en français est sans doute "guerre de harcèlement". Les corneilles et d'autres oiseaux se groupent ainsi pour harceler les chats, les grands ducs et autres prédateurs nocturnes, lorsqu'ils*

---

1. Fiche établie par Leymann, H. (www.leymann.se) ; Hirigoyen, M.-F., 2002, p. 10 ; 2001, p. 65 ; Zapf, D., 1999 ; Zapf, D., 2000, pp. 142-149.
2. Lorenz, K., 1969, pp. 32 et suivantes ; édition de 1983, pp. 30 et suivantes.

© Groupe Eyrolles

les rencontrent le jour. Il est évident que cette petite guerre contre l'ennemi consommateur agit dans le sens de la conservation de l'espèce. Même si l'agresseur est petit et sans armes il peut nuire très sensiblement à celui qu'il attaque[1] ». Le mobbing, dont « *le rôle premier est celui de rendre la vie impossible à l'ennemi afin qu'il aille chercher un autre territoire de chasse* », est une stratégie de grande efficacité pour éloigner un prédateur représentant une menace. Il s'agit en quelque sorte d'une offensive préventive de défense, en l'absence même d'une attaque du prédateur[2].

Le mobbing animal peut être le fait d'une collectivité homogène, par exemple des oies cendrées contre un renard[3], une colonie de suricates contre un serpent à sonnettes, ou hétérogène, comme des merles, des mésanges et des verdiers s'élançant en même temps contre un rapace[4]. Pour ma part, j'ai toujours observé ce phénomène spectaculaire au printemps, lorsqu'un moineau et un merle, par exemple, harcèlent ensemble un milan s'approchant trop des nids[5].

Le succès de cette stratégie de défense est garanti par l'élément collectif, la soudaineté de l'attaque, l'expression spectaculaire des moyens mis en œuvre (cris et claquements, battements d'ailes, poursuite, coups, etc.). L'espèce de force inférieure compense sa vulnérabilité vis-à-vis du prédateur par cette stratégie impressionnante d'agressivité soudaine à l'efficacité redoutable.

Cependant, dès 1927, l'ornithologue anglais E. M. Nicholson s'est attardé sur les habitudes de mobbing chez les oiseaux pour observer qu'il s'agissait d'un phénomène bien plus complexe qu'il n'y paraît, et a exprimé la conviction que certains oiseaux étaient « mobbés » par d'autres, non seulement parce qu'ils représentaient un ennemi, comme les faucons ou les chouettes, mais également lorsqu'ils étaient étrangers au groupe qui les « mobbait »[6]. On peut retenir que

---

1. Lorenz, K., 1969, pp. 35 et suivantes ; Lorenz, K., édition de 1983, pp. 32 et suivantes.
2. La Télévision Suisse Romande (TSR1) a diffusé un documentaire portant également sur ce sujet le 4 novembre 2006 (Doc Nature, « La symphonie animale »).
3. Voir les exemples décrits par Lorenz, K., 1969, pp. 35 et suivantes ; 1983, pp. 32 et suivantes.
4. Nicolai, J., 1974, pp. 164 et suivantes.
5. Wennubst, G., 1999, p. 24 et p. 47.
6. Nicholson, E. M., 1927, pp. 93-94.

cet élément est également présent dans le mobbing observé chez les humains.

Dès les années 1960 et 1970, les chercheurs suédois Peter-Paul Heinemann et Dan Olweus[1], se fondant sur la terminologie et les observations de Konrad Lorenz, orientent leurs recherches vers un type particulier de comportement destructif adopté par les enfants en classe, concernant de petits groupes d'enfants à l'encontre d'un enfant éloigné et exclu du groupe.

EN PRATIQUE

Un excellent documentaire sur le sujet, proposé par la Télévision suisse romande (TSR), montre que des recherches sur ce type particulier de comportement adopté par les enfants en classe se poursuivent à l'université de Zurich, où les chercheurs travaillent autant sur le renforcement des valeurs éthiques du groupe que sur les capacités de résistance de l'enfant-cible. Actuellement, le professeur Françoise Alsaker, de l'Institut de psychologie de l'université de Berne, poursuit des recherches en la matière[3]. Avec son équipe, Françoise Alsaker a étudié le phénomène dans environ soixante-dix écoles maternelles et primaires et interrogé mille deux cents enfants âgés de 4 ans et demi à 7 ans, leurs parents et leurs enseignants. Il en résulte que 12 % des enfants sont victimes de mobbing, de bullying ou sont des souffre-douleur. Parmi les conséquences, citons la perte de motivation et d'envie d'aller à l'école, la dégradation des résultats scolaires, des symptômes psychosomatiques, stress, tristesse, dépression, tendances suicidaires. Sans pouvoir généraliser, les victimes sont souvent timides, hyperactives ou impulsives. Les auteurs agressifs, égocentriques et manipulateurs. Le remède consiste à faire intervenir l'enseignant devant toute la classe, pour discuter explicitement de cette question et adopter un code de conduite.

---

1. Heinemann, P.-P., 1972 ; Olweus D., 1986.
2. Voir le site www.entwicklung.psy.unibe.ch/content/team/fa/.

Dès les années 1980, Heinz Leymann, qui se revendique de ces prédécesseurs[1], s'est intéressé au même type de conduites hostiles entre travailleurs sur leur lieu de travail. Ces études ont donné lieu aux résultats examinés dans le premier chapitre de cet ouvrage. D'autres chercheurs comme Berndt Zuschlag[2] ou Herry Walter[3] se sont consacrés à la même époque au même sujet. Ces dernières années, un nombre impressionnant de publications ont abordé ce thème, porteuses d'approches plus ou moins critiques par rapport aux conclusions de Heinz Leymann.

Force est de constater ainsi qu'à l'origine, le concept de mobbing désignait une situation précise et qu'il a été élaboré dans des contextes divers, étrangers au monde du travail.

Comme nous l'avons vu plus haut, la définition du terme anglais (en Grande-Bretagne) se réfère à un contexte large, « to mob », faisant allusion soit au concept de populace se livrant à des actes d'anarchie ou d'outrage contre une cible donnée, soit au comportement animal susmentionné, c'est-à-dire à des manifestations d'agressivité collective visant à éloigner un prédateur menaçant dans le but de défendre ou de préserver la survie de l'espèce[4].

À SAVOIR

© D.R.

.../...

---

1. Fiche établie par Leymann, H. (www.leymann.se).
2. Zuschlag, B., 1994.
3. Walter, H., 1993.
4. *The Oxford English Dictionary*, 1989, p. 927 et suivantes.

.../...

> On observe depuis quelques années l'intensification du phénomène du « flash-mob », qui consiste en un rendez-vous fixé sur Internet à des internautes dans le but de se retrouver en un lieu donné, à une heure donnée, afin de réaliser collectivement une « performance » ; par exemple : avoir tous un journal avec un trou et regarder par le trou, garder le téléphone portable à l'oreille une minute et se laisser tomber par terre tous en même temps à un moment précis, avoir tous une sucette à la bouche, etc. Si le but est bien de s'amuser, les spécialistes s'accordent à y reconnaître le potentiel d'agressivité d'un tel comportement lorsque le « flash-mob » prend une connotation de protestation. Et en effet, en Palestine, le « flash-mob » a une connotation bien plus violente et désigne l'organisation de courtes manifestations collectives d'agressivité au cours desquelles de jeunes Palestiniens se retrouvent en groupe pour jeter des pierres contre les soldats israéliens.

La définition retenue

En se basant sur les différentes recherches évoquées ci-dessus, voici la définition que je retiens : « *Par* mobbing, *on entend une répétition d'actes hostiles (harcèlement) par un ou des auteurs tendant à isoler, marginaliser, éloigner ou exclure la victime d'un cercle de relations données, voire à la neutraliser.* »

Notez bien que l'emploi du singulier pour parler de l'auteur ne vise que la clarté rédactionnelle. Ce terme doit être lu indifféremment au singulier comme au pluriel. Les actes hostiles (par commission ou par omission) peuvent s'échelonner de la plus apparente banalité aux atteintes les plus graves, conformément aux typologies des actes élaborées par différents auteurs, casuistiques qui n'ont qu'une valeur d'exemple et ne se veulent jamais exhaustives[1]. La jurisprudence du Tribunal fédéral suisse dresse également une casuistique des actes hostiles.

---

1. Pour la typologie des actes, voir Leymann, H., 1996, p. 27 et suivantes ; Zuschlag, B., 1994, p. 47 et suivantes ; Wennubst, G., 1999, p. 34 et suivantes ; Wennubst, G., 2007, p. 15 et suivantes ; rapport de la SECO, 2003, p. 2 et suivantes ; Hirigoyen, M.-F., 2001, p. 87 et suivantes.

En pratique

Jugement ATF 2C.2/2000 (4 avril 2003) : « *Actes hostiles : une communication négative, non éthique ; une très grande agressivité ; une disqualification professionnelle permanente ; des abus de pouvoirs répétés ; des tracasseries de tout genre (horaires, vacances, etc.).* »

Les comportements délibérément hostiles de l'auteur visent « *à déclencher l'anxiété de la victime, à provoquer chez elle une attitude défensive, elle-même génératrice de nouvelles agressions. En quelque sorte, les premières agressions stigmatisent la victime et la destinent au rejet et à l'exclusion*[1] ».

Ce processus se caractérise par une communication non éthique qui contribue à déplacer la responsabilité des événements, sans aucun sens critique, sur la victime. Communication non éthique[2] ne désigne nullement un problème de communication ou des difficultés de communication entre protagonistes, comme dans une relation conflictuelle, mais bel et bien la manipulation et le pervertissement de la communication, voulue et instaurée par l'auteur, dont il fixe seul les règles, imposée unilatéralement et abusivement à l'autre, rendant impossible pour la victime de rétablir un lien de communication rationnel et efficace en mesure de résoudre le ou les pseudo-conflit(s) déclenché(s) par l'auteur et à son initiative. La finalité du processus et la communication non éthique permettent de différencier le processus de mobbing d'autres phénomènes, comme une relation conflictuelle.

Le mobbing désigne donc l'agression du « mobbeur » à l'encontre du « mobbé ». La relation qui s'installe entre protagonistes est un rapport d'agresseur à agressé. Dans l'un de mes dossiers professionnels,

1. Leymann, H., 1996, p. 13. Pour ce qui est du processus de stigmatisation de la victime, voir Leymann, H., 1996, p. 77 et suivantes ; Schupbach, K., Torre, R., 1996, p. 37. Pour ce qui est des étapes du processus, voir Leymann, H., 1996, p. 72 et suivantes ; Rehbinder, M., 1997, p. 163 et suivantes ; Zuschlag, B., 1994, p. 84 et suivantes ; Wennubst, G., 1999, p. 41 et suivantes ; Wennubst, G., 2007, p. 22 et suivantes.
2. Zuschlag, B., 1994, p. 13 ; Wennubst, G., 1999, p. 25 et suivantes et p. 50, et les auteurs cités ; Wennubst, G., 2007, p. 50 et suivantes ; Quinche, F., Département d'éthique de l'université de Lausanne, non publié.

le meneur du groupe s'était exprimé en ces termes par-devant témoins, qui ont confirmé la tenue desdits propos : « *Avec toutes les choses qu'on a faites à T., avec tout ce qu'on lui a fait, on s'attendait à ce qu'il démissionne.* »

Mobbing et *coping*-stratégie

Le déclenchement d'un processus de mobbing par son auteur n'est pas le fruit du hasard. Berndt Zuschlag, Marie-France Hirigoyen[1] et Markus Willimann mettent en exergue les motifs qui amènent une personne à « mobber » : « *L'on mobbe d'une part à cause de peurs précises et d'autre part parce que, par le* mobbing, *on veut atteindre un but déterminé*[2]. » On « mobbe » dès lors par peur et/ou intérêt.

La peur seule peut être à l'origine de manifestations d'agressivité ou d'agressions. Mais la peur et l'intérêt sont à l'origine de la stratégie de mobbing. Les peurs (conscientes ou inconscientes) de l'auteur lui font percevoir sa cible comme une menace (réelle ou par projection) à la préservation d'un bien qui est important pour lui et/ou un obstacle (réel ou par projection) à la réalisation de l'intérêt qu'il poursuit ou l'objectif qu'il s'est fixé d'atteindre.

Il s'agit d'éléments subjectifs relevant de la sphère de l'auteur et, qu'en l'absence d'aveux, il n'est souvent possible d'identifier que sur la base d'hypothèses plus ou moins étayées. Les désirs de réussite affective, sociale et économique et leur contraire, c'est-à-dire la crainte de l'échec dans ces domaines, sont souvent à l'origine des peurs et des intérêts motivant le « mobbeur ».

Il est en revanche certain que le mobbing fait partie des « *coping*-stratégies » (voir le chapitre 1), c'est-à-dire les stratégies de résolution d'un problème ou d'un conflit auquel l'auteur est confronté, et qu'il veut résoudre à tout prix en sa faveur[3]. Il s'agit dès lors d'un comportement psychologique. D'ailleurs, lorsque la stratégie se révèle payante, les risques de récidive dans des circonstances nouvelles, mais analogues aux premières, sont très élevés.

---

1. Zuschlag, B., 1994, p. 25 ; Hirigoyen, M.-F., 2001, p. 35 et suivantes.
2. Willimann, M., 1997, p. 41.
3. Zuschlag, B., 1994, p. 14 ; Wennubst, G., 1999, p. 47-48 ; Wennubst, G., 2007, p. 26 et suivantes.

Cette stratégie du « mobbeur » comporte de troublantes similitudes avec le comportement animal analysé précédemment, adopté pour éloigner un intrus, perçu dans la vision du monde de l'auteur comme une menace et/ou un obstacle, afin de préserver un intérêt important, voire vital, à ses yeux.

Illustrons cette définition par deux exemples issus de la jurisprudence.

EN PRATIQUE

La femme enceinte

Ce jugement du 28 avril 1994 de la chambre d'appel de la juridiction des prud'hommes de Genève (cause X/455/93) a été rendu à une époque où la notion de mobbing était encore peu connue et rarement utilisée. Par courrier du 18 janvier 1993, une employée reçoit son congé pour le terme légal du 31 mars 1993 et est dispensée de fournir sa prestation de travail. Par courrier du 20 janvier 1993, elle informe son employeur qu'elle est enceinte depuis le 27 décembre 1992, l'accouchement étant prévu pour la mi-septembre 1993, et demande sa réintégration dans l'entreprise, le congé étant nul (art. 336c al. 2 CO). L'employeur ne pourra renouveler son licenciement qu'après la période de protection prévue à l'art. 336c al. 1 let. c CO, soit en janvier 1994, et en respectant le terme légal, pour le 31 mars 1994. Le 26 janvier 1993, l'employée se rend à son travail et découvre que l'entreprise a déjà engagé une remplaçante. L'administrateur-président de la société l'installe dans une pièce adjacente à son ancien bureau, servant de salle d'exposition, lui intime l'ordre de ne pas quitter la pièce dont la porte doit rester fermée, de ne pas parler au personnel, de ne pas se servir de café ou d'autres boissons, sauf de l'eau du robinet, de ne sortir que pour se rendre aux W.-C., aucun travail ne lui est destiné, et il lui est fait interdiction de lire le journal. L'employeur prétendra par la suite que c'est la travailleuse qui a refusé d'accomplir les tâches proposées. Le même jour, l'employeur réunit le personnel pour lui interdire d'adresser la parole à l'employée. Celle-ci résiste deux jours, soit les 26 et 27 janvier, puis craque et son médecin la met en arrêt maladie. Le 3 février, elle reprend le travail et le scénario se répète. Toute tentative de dialogue avec l'employeur échoue.

.../...

…/…

L'employée consigne les événements dans un cahier de bord, y compris les propos échangés avec son employeur, dont l'arrêt ne révèle malheureusement pas la nature. L'employée résiste les 3, 4 et 5 février, et le 5, elle résilie son contrat de travail avec effet immédiat. L'employeur a atteint son but : lui faire quitter l'entreprise.

L'architecte

Une autre décision, également rendue par la chambre d'appel de la juridiction des prud'hommes de Genève (cause VIII/1073/95), en date du 23 juin 1997, porte sur le cas suivant. Il s'agit de l'une des premières affaires où une partie plaignante a fait appel à la notion de harcèlement psychologique. Le cas est d'ailleurs communément retenu en doctrine comme un exemple de mobbing. Un architecte et ses deux employeurs conviennent en 1986 d'un avenant au contrat de travail prévoyant le versement du solde d'une prime le 30 septembre 1996, ceci afin de s'assurer de la fidélité de l'architecte jusqu'à cette date. Au début des années 1990, l'architecte et l'un de ses employeurs ont un différend professionnel. Sous prétexte de juguler leur mésentente, l'autre employeur décide dès fin 1993 d'éloigner l'architecte des bureaux principaux de la société en lui assignant successivement, et jusqu'en 1996, différents lieux de travail dans le canton de Genève. Ce fut d'abord un container dans un état de saleté indescriptible, sans sanitaires, ni téléphone, sur un chantier boueux ; puis des locaux accessibles à tous, sans téléphone ni documentation technique et à l'éclairage insuffisant ; un studio par la suite ; enfin des locaux dans une zone non desservie par les transports publics, le premier arrêt de bus se trouvant à vingt-cinq minutes à pied. Le Tribunal a retenu le caractère subalterne des tâches confiées à un homme qualifié ayant plus de vingt-cinq ans d'activité dans l'entreprise, et le fait d'avoir subi de façon répétée les reproches de son employeur relatifs à la qualité de son travail. Le Tribunal a constaté que l'employeur avait tout fait pour dégoûter son employé, qui approchait de l'âge légal de la retraite, afin de l'amener à résilier son contrat de travail à durée déterminée avant l'échéance. L'employeur a fait montre d'un tel acharnement procédurier que l'architecte a dû multiplier non seulement les requêtes d'intervention auprès de l'inspectorat cantonal de travail (OCIRT), les injonctions de ce service restant lettre morte pour l'employeur, mais également les procédures en justice, déterminé qu'il était à ne pas mettre fin de manière anticipée à son contrat de travail.

L'étude de ces deux exemples permet d'identifier tous les éléments de la définition du mobbing retenue précédemment. Dans les deux cas, les employeurs voulaient que leurs travailleurs respectifs jettent l'éponge et démissionnent (éloignement d'un cercle de relations donné, en l'occurrence de l'entreprise) : l'un afin d'éviter de verser une prime de fidélité, l'autre pour contourner la période de protection contre le licenciement des femmes enceintes (intérêts poursuivis). Ils ont procédé en répétant des actes hostiles, tout à fait explicites et d'une gravité certaine dans les deux cas. L'architecte a essuyé des reproches sur la qualité de son travail alors même qu'il était mis dans l'impossibilité de l'exécuter correctement ; quant à l'employée, elle s'est vu reprocher d'avoir refusé d'accomplir les tâches proposées, en réalité inexistantes (communication non éthique).

Les deux employeurs ont voulu ainsi justifier leur conduite et en rendre responsables leurs employés (déplacement de responsabilité sur la victime). Ces derniers n'ont pu d'aucune manière rétablir une communication saine et efficace avec leur employeur, malgré l'intervention successive de l'inspectorat cantonal du travail et des tribunaux dans le cas de l'architecte (communication non éthique).

Enfin, dans le premier cas, le harcèlement s'est poursuivi sur cinq jours dans l'espace de onze jours, et dans le second, sur trois ans environ. Les notions de durée et de fréquence sont donc ici très disparates. Si l'architecte a voulu tenir bon à tout prix, l'employée a en revanche rapidement jeté l'éponge. La durée du harcèlement est donc liée à la capacité purement subjective de résistance de la victime aux actes perpétrés contre elle. La fréquence à laquelle les actes hostiles sont conduits relève de circonstances aléatoires comme la proximité auteur/victime, la seule volonté de l'auteur ou de simples questions d'opportunité. Nous pouvons ainsi retenir que la durée et la fréquence dépendent donc d'éléments éminemment subjectifs relevant soit de la victime, soit de l'auteur.

Mobbing individuel et collectif

Comme nous l'avons vu, le mobbing peut être collectif ou individuel.

Mobbing *individuel*

©Delphine Donzé

Le mobbing individuel désigne un mobbing déclenché par un individu contre un autre individu.

Nous avons vu plus haut que l'on « mobbait » par peur et/ou intérêt, et que la victime représentait une menace et/ou un obstacle dans la perception subjective qu'a le « mobbeur » des choses. Dans le cadre du mobbing individuel, la condition que la victime représente une menace et/ou un obstacle aux intérêts de l'auteur peut suffire. Évoquons ici la notion de « mobile égoïste », comme le désir de l'auteur d'écarter un collègue plus doué dans une course à la promotion, de se débarrasser du comptable qui a découvert des irrégularités, ou encore d'éloigner un collègue gravement malade qu'il redoute de devoir soutenir psychologiquement.

On voit dès lors pourquoi une entreprise qui prône une culture d'entreprise axée sur la compétition mal comprise entre personnes, ou qui adopte une organisation fondée sur une mauvaise répartition des tâches entre collaborateurs ou des cahiers des charges flous, offre un terrain favorable au mobbing.

Mobbing *collectif*

Le mobbing collectif désigne un mobbing déclenché par un groupe contre une personne. Il peut être collectif d'entrée (collectivité homogène) ou collectif induit par un meneur (collectivité hétérogène).

Mobbing *collectif induit*

©Delphine Donzé

Ici, le processus est déclenché par une personne et devient collectif par la suite, du fait que le meneur s'allie la complicité passive ou active de son entourage et crée un groupe de cohésion au service de ses intérêts[1]. Les individus formant le groupe peuvent agir ainsi pour différentes motivations, allant d'une convergence d'intérêts avec le meneur, à la peur d'être pris pour cible à leur tour par celui-ci ou de s'aliéner ses sympathies ou ses faveurs.

---

1. Zuschlag, B., 1994, p. 13.

EN PRATIQUE

Voici un cas exemplaire présenté à la télévision suisse romande[1] par une animatrice, qui, fait rare, a pu obtenir le témoignage d'un des auteurs, une femme. Celle-ci a admis avoir « mobbé », avec une autre collègue, une troisième collègue parce que cette dernière avait été choisie comme cible (sous la forme d'une conduite abusive : du « harcèlement-perversion » ?) par leur chef de service, qui n'en était d'ailleurs pas à son premier coup d'essai. De son propre aveu, la « mobbeuse » a agi ainsi de peur d'être choisie comme cible à son tour. En se conduisant ainsi, elle a pu faire acte de soumission à sa supérieure afin d'éviter d'entrer dans son collimateur.

Il ne ressort nullement de ce témoignage qu'il y ait eu une concertation entre collègues, ou entre ces collègues et leur supérieure, bien que toutes aient eu conscience du caractère collectif de la situation. Ce témoignage met en revanche en exergue la conscience (et la mauvaise conscience) de la conduite adoptée, de chaque acte perpétré, en l'occurrence plutôt anodins et que l'auteur a été en mesure de décrire en détail, ainsi que de la complicité qui s'est créée tacitement avec la chef de service.

L'interview croisée de l'auteur et de la victime souligne aussi que la perception des événements par la victime était juste. Elle a d'ailleurs démissionné.

Prenons un autre exemple issu de l'un de mes dossiers, concernant une ouvrière en horlogerie très habile, qui, par sa productivité, mettait en évidence les lacunes d'une nouvelle chef d'atelier, moins douée. Pour s'en débarrasser, cette dernière l'a « mobbée » en s'alliant la complicité active ou passive des autres ouvrières, à qui elle offrait cafés et boissons lors des repas pris en commun, auxquels la victime n'était pas associée. Grâce à un tiers témoin, proche de l'auteur, il a pu être retenu que la chef d'atelier avait expressément évoqué la volonté de faire licencier l'ouvrière. Elle avait ainsi prétendu auprès de la direction que celle-ci éprouvait des difficultés d'intégration dans l'équipe. L'ouvrière a ainsi essuyé un avertissement dans ce sens, avec une menace de licenciement à la clé.

---

1. Télévision Suisse Romande (TSR2), « Mobbing et harcèlement sexuel », *in* « Comment ça va ? », présenté par Sofia Pekmez, 21 novembre 2001.

Mobbing *collectif d'entrée*

Ici, le groupe entier se mobilise contre la cible.

©Delphine Donzé

Les facteurs d'altérité

Comme nous l'avons vu, bien souvent, la victime présente une caractéristique d'altérité, de différence, par rapport au « mobbeur »[1], que le mobbing soit individuel ou collectif (voir le chapitre 1). Ceci se vérifie encore plus en cas de mobbing collectif d'entrée. C'est cette différence qui peut renvoyer les auteurs à des peurs conscientes ou inconscientes et leur faire percevoir la victime comme une menace et/ou un obstacle pour le groupe et les normes qu'il s'est données, la victime étant perçue comme un intrus.

Cet élément de différence constitue un facteur de vulnérabilité pour la personne qui en est porteuse, au risque de devenir victime d'un mobbing. Cet élément peut gagner en importance, soudainement, en des circonstances données, comme la restructuration d'une

1. Leymann, H., 1996, p. 45 ; Zuschlag, B., 1994, p. 30 et suivantes ; Willimann, M., 1997, p. 42 ; Wennubst, G., 1999, p. 51 et suivantes, spécialement p. 56.

entreprise comportant des risques de dégraissage, une situation socio-économique précaire, ou encore des variations de groupe dues à des changements d'effectifs suite à l'arrivé d'un nouveau chef de service, d'un nouveau directeur, ou d'un nouveau collègue. Toutes ces circonstances sont génératrices de peurs et d'intérêts qui motivent le déclenchement du mobbing, et sont généralement reconnues comme des circonstances favorisant la naissance du processus, autant individuel que collectif[1].

Illustrons ces observations avec deux exemples.

EN PRATIQUE

Marie-France Hirigoyen[2] a rapporté lors d'une conférence sur le harcèlement moral qu'elle a tenue à Genève, qu'un nouvel employé d'une entreprise fabriquant du chocolat avait été victime de harcèlement de la part de ses collègues parce que, contrairement à ceux-ci, il se refusait à chaparder des plaques de chocolat, larcin devenu une habitude admise entre travailleurs.

L'un de mes dossiers traitait d'un fonctionnaire au caractère extrêmement complexe et que le groupe était incapable de gérer, devenu la cible du mobbing de ses collègues, décidés à lui faire jeter l'éponge et à quitter sa fonction afin de retrouver une équipe de travail moins problématique dans le cadre de la fonction publique.

Enfin, le rapport du Secrétariat suisse d'État à l'Économie (SECO) tend à retenir que les cas de mobbing collectif s'observent le plus fréquemment à l'encontre des étrangers ou des double-nationaux[3]. Or ceci peut s'expliquer par le fait qu'une personne étrangère a plus de chances de se différencier d'un groupe qui risque fort d'être composé en majorité de Suisses. Toutefois ce risque est identique pour un Suisse dans un groupe d'étrangers, comme dans un cas

---

1. Voir les auteurs cités. Pour ce qui est des différents styles de management favorisant l'apparition du mobbing, voir Schupbach, K., Torre, R., 1996, p. 89 et suivantes.
2. Hirigoyen, M.-F., 2001, p. 39.
3. Rapport du SECO, 2003, p. 44.

que j'ai eu à examiner d'une infirmière suisse victime de mobbing de la part de ses collègues, toutes françaises et appartenant à la filière française de formation professionnelle. Le télescopage entre les différentes façons d'aborder leur profession au quotidien (et le fait qu'elle était la seule non-fumeuse) a déclenché ce mobbing.

Les circonstances favorisant le mobbing

En entreprise, les circonstances créant un terrain favorable pour que des collaborateurs adoptent le mobbing en guise de stratégie pour résoudre un problème donné à leur avantage, sont toutes celles permettant la naissance des peurs et/ou des intérêts qui motivent les « mobbeurs ».

De nombreux auteurs ou institutions s'attaquent à l'analyse de l'organisation de l'entreprise et du travail en entreprise par l'examen de l'environnement du travail et ses facteurs psychosociaux : réorientation de la politique d'entreprise, restructurations, mauvais management, mauvaise gestion du personnel, structures peu claires, structures fortement hiérarchisées, mauvaise répartition des tâches et des compétences, absence de cahier des charges, mauvaise interaction entre cahier des charges de travailleurs différents, etc.[1] Ajoutons à cette liste tout ce qui relève des dysfonctionnements : corruption, irrégularités, népotisme, favoritisme, ambitions personnelles, objectifs personnels, personnalités perverses, etc.

Engager un harceleur sexuel relève-t-il d'une mauvaise organisation de l'entreprise ou d'un dysfonctionnement au sein de l'entreprise ? Faut-il parler de circonstances qui favorisent le mobbing ou de causes du mobbing ? En tout cas, en présence de circonstances favorisant le mobbing, il faut encore qu'une victime rencontre un « mobbeur », c'est-à-dire un individu qui choisit comme solution à son problème la stratégie du mobbing. Cette hypothèse permet d'imaginer que le mobbing existe aussi dans une entreprise parfaitement organisée : un cadre supérieur, par exemple, motivé par de

---

1. À titre d'exemple, Wennubst, G., 1999, p. 65 et suivantes ; Schupbach, K., Torre, R., 1996, p. 89 et suivantes ; Künzi, G., Vicario, A., Künzi, D., Jeandet, C., 2006 ; Dejours, C., 1998. Voir également les études du SECO.

pures ambitions personnelles et qui souhaite exclure un concurrent plus compétent.

En réalité, le mobbing relève de mécanismes complexes qui mettent en œuvre une interaction de facteurs d'une part et un concours de circonstances d'autre part. Les causes du mobbing sont donc à chercher autant chez le « mobbeur » que chez le « mobbé », dans une interaction entre les deux, et dans un ensemble de circonstances liées à l'environnement social (dans notre cas l'entreprise) qui favorisent ou permettent son déclenchement ou sa poursuite. *La vigilance de l'employeur doit ainsi rester constante, même dans l'entreprise la plus parfaitement organisée.*

De plus, l'existence d'un mobbing crée deux pouvoirs au sein d'une entreprise, puisqu'il implique une sorte de « délégation », volontaire ou involontaire, du pouvoir de direction au « mobbeur ». *De facto*, c'est lui, si l'employeur n'est pas vigilant, qui s'octroie la faculté de décider qui restera ou pas en entreprise, en lieu et place de l'employeur.

EN PRATIQUE

« L'exemple suivant illustre ces propos. Dans l'école militaire de Canberra (Australie), qui forme de futurs officiers, un petit groupe d'élèves de la promotion sortante pratiquait le bizutage et « mobbait » ceux qui refusaient de s'y soumettre ou qui déplaisaient à la clique, le but étant de les décourager et les faire quitter l'école. La direction a entrepris honnêtement de mettre fin à la situation en faisant appel à des psychologues experts en dynamique de groupe. Sans succès. En réalité, le comportement de ce groupe était une forme de contestation des méthodes de sélection des élèves et des programmes d'études de la direction. C'était donc une remise en discussion de l'autorité et des compétences de la direction, ainsi qu'une prise de pouvoir, puisque, de facto, c'est la clique qui sélectionnait les élèves officiers[1]. »

1. Leymann, H., 1996, p. 161.

© Groupe Eyrolles

Mobbing et autres formes de harcèlement

Comme nous l'avons vu en début d'ouvrage, le mobbing est une forme de harcèlement psychologique, mais ce n'est pas la seule forme de harcèlement en général ni de harcèlement psychologique en particulier. Ainsi, parmi les formes de harcèlement, citons le harcèlement sexuel[1] et, parmi les formes de harcèlement psychologique, citons le stalking, le bullying et le « harcèlement-perversion »[2] (voir pour toutes ces définitions le chapitre 7).

Ce qui différencie ces différentes formes de harcèlement est la finalité recherchée par l'auteur : obtenir une satisfaction sexuelle pour ce qui est du harcèlement sexuel ; assouvir ses pulsions et besoins pervers ou sadiques, pour ce qui est du harcèlement-perversion ; isoler, éloigner, exclure ou neutraliser la victime pour ce qui est du mobbing.

Il est également établi qu'il existe des ponts et des liens entre ces différentes formes de harcèlement. Le harcèlement sexuel et le « harcèlement-perversion » peuvent déboucher sur un processus de mobbing, parce que l'auteur a obtenu satisfaction et la victime devient un témoin encombrant, ou parce qu'elle se rebiffe et se révolte, et ainsi de suite, les cas de figure étant nombreux. À titre d'exemple, l'état de fait de l'ATF 1C_418/2008 (du 27 mai 2009) évoque la situation d'une supérieure hiérarchique déclarant des sentiments amoureux à une subordonnée, puis adoptant une attitude hostile à son égard après le refus de cette dernière de donner suite. La victime a fini par être licenciée (mobbing). Le mobbing se déclenche aussi souvent lorsqu'un travailleur se rebelle contre les

---

1. Bigler, M., Kaufmann, C., 2000, pp. 107 et suivantes ; Ad art. 4 LEg (Loi fédérale suisse sur l'égalité entre femmes et hommes du 24 mars 1995, RS 151.1) : pour les deux formes retenues de harcèlement sexuel, le harcèlement « *quid pro quo* » et le harcèlement créant un « climat de travail hostile ».
2. Wennubst, G., 1999, p. 65 ; Wennubst, G., 2007, p. 40. Voir la littérature spécialisée en psychologie et psychiatrie. Par exemple : American Psychiatric Association, DSM-IV, *Manuel diagnostique et statistique des troubles mentaux*, 4ᵉ éd. (version internationale, Washington DC, 1995), traduction française par J.-D. Guelfi et éd. Masson, Paris, 1996, p. 498-504 ; Eiguer, A., *Le pervers narcissique et son complice*, Dunod, 2ᵉ éd., 1996 ; Bouchoux, J.-C., *Le pervers narcissique*, Eyrolles, 2009 ; Bergeret, J., *La personnalité normale et pathologique*, Dunod, 1996.

abus de pouvoir ou les conduites abusives d'un supérieur hiérarchique en mal d'autorité.

Ce qui est certain, c'est que la victime devient une menace et/ou un obstacle pour l'auteur de la première forme de harcèlement qui adopte la stratégie du mobbing pour s'en débarrasser.

Les témoins des agissements illicites de l'auteur sont également exposés au risque de devenir la cible de mobbing.

EN PRATIQUE

L'un de mes dossiers concernait un chef d'atelier coupable de harcèlement sexuel sur une collègue de travail de Mme X. La victime s'était confiée à cette dernière avant de quitter l'entreprise. Mme X., connue pour ne pas avoir la langue dans sa poche, est alors devenue la cible d'un processus de mobbing (tracasseries répétées) par le chef d'atelier, qui savait qu'elle était au courant de ses agissements de harcèlement sexuel. Il a réussi à convaincre son employeur de licencier Mme X. en prétextant un comportement d'insubordination du fait qu'elle se rebiffait contre ce qu'il lui faisait endurer.

N'oublions pas enfin le cas du mobbing né suite à un *whistleblowing*, déclenché en représailles contre celui qui a osé dénoncer des dysfonctionnements, ce qui confirme l'élément de menace/obstacle représenté par la victime[1].

Enfin, certains raccourcis assimilent perversion et mobbing, alors que les finalités sont différentes. Par conséquent, le « mobbeur » est associé à un pervers narcissique, alors qu'en réalité, si un pervers peut devenir, le cas échéant, « mobbeur », les « mobbeurs » n'ont pas forcément à la base une structure de personnalité perverse ou narcissique.

---

1. Hirigoyen, M.-F., 2001, p 65 , 2002, p. 11. Voir à ce sujet l'excellente émission diffusée le 28 octobre 2007 par la Télévision Suisse Romande (TSR2) « Du côté des "anges" » documentaire, France, 2007 (cas Enron, Airbus A380, etc.). En Suisse, est actuellement soumis à l'examen de l'Assemblée fédérale un avant-projet de loi portant modification du Code des obligations (art. 321 a bis, art. 336 al. 2 let. d, art. 362 al. 1 du contrat de travail) sur la protection du travailleur en cas de signalement de faits répréhensibles.

La notion de pervers narcissique nous oriente vers un cadre pathologique ou de trouble de la personnalité qui n'est pas nécessairement réalisé en matière de mobbing. Le choix de la victime par un pervers répond à des critères complexes et autres qu'en matière de mobbing. Songeons aussi à certains parallélismes avec les critères de choix de la victime en criminologie, c'est-à-dire la personne vulnérable, seule ou affaiblie (veuve, femme divorcée, orphelin, handicapé, vieillard, femme ou enfant en général)[1]. Éloigner la victime n'est en principe pas le but premier du pervers, qui perdrait par là même l'objet de son emprise, voire de son plaisir. Assimiler un « mobbeur » à un pervers implique qu'une expertise psychiatrique de l'auteur présumé, excluant la présence d'une structure de personnalité perverse, écarterait le soupçon de mobbing. Or, une telle conclusion ne peut être retenue.

Les critères de fréquence et de durée de Heinz Leymann

La définition de Heinz Leymann la plus couramment retenue est la suivante : « *Le* mobbing *est un processus de destruction. Il est constitué d'agissements hostiles qui, pris isolément, peuvent sembler anodins, mais dont la répétition constante a des effets pernicieux. Le concept de* mobbing *définit l'enchaînement sur une assez longue période de propos et agissements hostiles exprimés ou manifestés par une ou plusieurs personnes envers une tierce personne (la cible). La répétition de ces agissements suffit à déstabiliser, à angoisser la victime, à la briser et à l'exclure*[2]. »

Heinz Leymann a précisé les critères de durée, six mois, et de fréquence, hebdomadaire, des agissements hostiles, et justifié son choix par des besoins statistiques : « *Nous nous devions de fixer des normes précises. Nous avons donc décidé qu'il y avait* mobbing *lorsqu'un ou plusieurs des quarante-cinq agissements définis plus loin se répétaient au moins une fois par semaine et sur une durée minimale d'une demi-année*[3]. »

---

1. Lopez, G., 1997, p. 51 et suivantes ; Damiani, C., 1997 ; Éliacheff, C., Soulez-Larivière, D., 2007.
2. Leymann, H., 1996, pp. 26-28.
3. Leymann, H., 1996, p. 27. Ces critères sont repris par Zapf, D., 2000, qui a, sauf erreur, travaillé avec Heinz Leymann.

Berndt Zuschlag et Herry Walter, deux psychologues allemands, se sont opposés d'entrée à l'adoption de ces critères, qualifiés d'arbitraires, et ont été rejoints par la suite par Oswald Neuberger[1], un psychologue allemand. Ce point de vue nous semble être le bon[2]. On peut ainsi dire que Heinz Leymann était déjà minoritaire dans les années 1990 s'agissant de cet aspect de la question.

Le rapport du SECO confirme que ces critères sont inconfortables et admet qu'il y a lieu de les rejeter[3] : « *Ce qui veut dire qu'en y regardant de plus près, la définition classique du* mobbing *s'avère peu parlante, notamment lorsqu'il s'agit d'évaluer le* mobbing *au cas par cas. Le* mobbing *ne doit pas être défini ou mesuré sur la seule base d'un acte qui se répéterait sur une longue période, il s'agit plutôt d'un phénomène qui regroupe plusieurs agissements de nature diverse. Cette critique n'est pas nouvelle, mais cette étude en est la première confirmation empirique.* »

Le mobbing est donc un acte unique (harcèlement), une entité composée d'un ensemble d'agissements[4]. En droit pénal, on emploie la notion de « délit continu ».

Les critères de durée et de fréquence sont des critères fixés par Heinz Leymann de manière arbitraire, pour répondre à des besoins statistiques, et non fondés sur les éléments intrinsèques au phénomène. Nous avons d'ailleurs vu les aspects éminemment subjectifs venant les influencer, tels que la capacité de résistance de la victime pour ce qui est de la durée, et la volonté de l'auteur dans le choix du calendrier des actes hostiles, voire de bêtes questions d'opportunité, pour ce qui est de la fréquence.

Il serait donc aberrant d'écarter un cas de mobbing du fait que le « mobbeur », ayant lu la théorie de Leymann, aurait espacé ses actes hostiles de dix jours à chaque fois. Je rejoins ici Berndt Zuschlag[5] lorsqu'il observe qu'il serait absurde d'écarter le mobbing, parce

---

1. Zuschlag, B., 1994, p. 8 ; Walter, H., 1993, p. 27 ; Neuberger, O., 1999, p. 53 et suivantes.
2. Wennubst, G., 1999, p. 29 et p. 86 ; Wennubst, G., 2007, p. 11 et suivantes.
3. Rapport du SECO, 2003, p. 51.
4. Wennubst, G., 1999, p. 81 et suivantes.
5. Zuschlag, B., 1994, p. 8 ; Walter, H., 1993, p. 27 ; Wennubst, G., 1999, p. 84 et suivantes.

qu'une personne soumise à des actes graves et répétés se suicide au bout de cinq mois.

Cependant, l'œuvre de Heinz Leymann, à la différence de celles de Berndt Zuschlag et d'Herry Walter, a été entre-temps largement diffusée, et ses critères ont été répercutés sans observer de sens critique dans d'innombrables définitions issues des milieux les plus divers. Or, les cas vécus de l'architecte et de l'employée enceinte, présentés plus haut, nous permettent de poser un diagnostic de mobbing même en présence de durées et de fréquences très disparates.

Ceci est dû au fait que dans ces deux cas, le harcèlement, c'est-à-dire la répétition d'actes, est manifeste ; de plus, les actes sont facilement identifiables tant ils sont explicites ; enfin, la finalité poursuivie par les employeurs, c'est-à-dire l'exclusion, est évidente.

En matière de harcèlement sexuel, le diagnostic est également plus aisé à établir, car il fait appel à des actes touchant à la sphère sexuelle. Les critères de durée et de fréquence ne sont d'ailleurs pas exigés.

La question est donc de savoir quels critères adopter pour poser un diagnostic fiable en matière de mobbing, pour des cas plus ambigus où l'auteur a recours à des actes relativement anodins, comme le refus d'adresser la parole à la victime ou de partager avec elle ses pauses-café. En effet, il s'agit d'actes que l'on peut rencontrer dans d'autres situations (inimitiés, impolitesse, manque de disponibilité).

C'est donc l'ensemble des éléments constitutifs du processus qui permet de le diagnostiquer, même en présence d'actes relativement anodins, dont notamment la répétition, l'hostilité des actes, la volonté d'exclusion, les peurs/intérêts et menace/obstacle, la communication non éthique et le déplacement arbitraire ou sans aucun sens critique de responsabilité sur la victime. Dans un tel cadre, les questions de durée et de fréquence n'ont aucune véritable pertinence et peuvent même empêcher de mener correctement le diagnostic.

Certains éléments peuvent être « objectivés », comme l'existence des actes, leur répétition, leur caractère hostile, la volonté d'exclusion, la communication non éthique, et une inversion des rôles par l'imputation de façon arbitraire ou injustifiée de la responsabilité des difficultés rencontrées à la victime. D'autres éléments, plus subjectifs et subtils, sont plus difficiles à identifier, comme les peurs de l'auteur, la menace et/ou l'obstacle que représente pour lui la victime, éléments bien souvent relevant du domaine de la projection ou de l'inconscient et qui ne peuvent donc que faire l'objet d'hypothèses plus ou moins étayées. Le Tribunal fédéral suisse retient qu'il « *résulte des particularités du* mobbing *que ce dernier est difficile à prouver, si bien qu'il faut savoir admettre son existence sur la base d'un faisceau d'indices convergents* [...] » (ATF 2P.207/2002, consid. 4.2).

Différencier le mobbing des autres phénomènes

Nous avons vu plus haut dans ce chapitre à quel point il était facile de confondre des situations qui ont toutes en commun la souffrance de la victime. Toutefois, lorsque l'on se demande comment différencier le mobbing des autres phénomènes cités, il semble que nous disposions désormais de quelques éléments de réponse.

Il faut se fier aux différentes définitions, fonctions et finalités de ces phénomènes et se poser les questions classiques : Qui ? Quoi ? Où ? Quand ? Comment ? Par quels moyens ? Et enfin, pourquoi ? Définir signifie savoir. Savoir signifie comprendre. Comprendre permet d'élaborer des remèdes spécifiques à chaque situation. Vous pourrez retrouver au chapitre 7 un lexique des différentes situations évoquées en début de chapitre avec leur définition.

Lorsqu'une personne est choisie pour être le souffre-douleur d'un groupe, ce comportement vise à canaliser l'agressivité du groupe, à trouver un exécutoire à cette agressivité, à provoquer l'amusement ou meubler le désœuvrement, et non l'exclusion de la victime (qui peut même participer de manière tout à fait paradoxale à l'équilibre du groupe). En se référant à la finalité historique du bouc émissaire, la victime est rendue responsable des fautes du groupe et sacrifiée. Des conduites abusives sont souvent le fait d'un supérieur hiérarchique incapable de gérer son pouvoir autrement ou qui croit faire preuve d'autorité par ce biais, l'éloignement du ou des travailleurs en faisant les frais n'étant en général pas, ou pas forcément, au programme.

Un complot, une cabale ou une conspiration impliquent une alliance consciente et voulue entre individus – c'est ainsi que César en mourant ne put que s'exclamer « *Tu quoque, Brute, fili mi !* » (« *Toi aussi, Brutus, mon fils !* ») lorsqu'il fut frappé par le poignard de Brutus – alors qu'en matière de mobbing, on ne rencontre pas cet élément, puisqu'il s'agit d'une alliance instinctive et non concertée entre personnes.

Dans une relation conflictuelle, la relation de communication est fortement détériorée, pourrie même, mais ne se fonde pas sur une volonté non éthique de l'un des protagonistes d'en empêcher à tout prix l'aboutissement par le pervertissement du lien de communication. Dans un cas de manipulation, le collègue manipulateur est par exemple toujours opportunément surchargé lorsqu'il s'agit de répondre au téléphone, d'assumer un dossier urgent ou difficile : il lui est impossible de renvoyer un rendez-vous privé lorsqu'il faut faire des heures supplémentaires pour terminer une tâche urgente et s'arrange pour la déléguer à la victime.

C'est ainsi, et à juste titre, que le Tribunal fédéral suisse retient « *qu'il n'y a pas de harcèlement psychologique du seul fait qu'un conflit existe dans les relations professionnelles* (Marie-France Hirigoyen, « Harcèlement et conflits de travail », in *Harcèlement au travail*, Genève 2002, p. 18), *ni du fait qu'un membre du personnel serait invité – même de façon pressante, répétée, au besoin sous la menace de sanctions disciplinaires ou d'une procédure de licenciement – à se conformer à ses obligations résultant du rapport de travail, ou encore du fait qu'un supérieur hiérarchique n'aurait pas satisfait pleinement et toujours aux devoirs qui lui incombent à l'égard de ses collaboratrices et collaborateurs* » (ATF 2P.207/2002, consid. 4.2).

Dès lors, on voit donc bien que, même si les différences sont parfois subtiles, il est tout à fait possible de différencier les situations les unes des autres.

Conséquences du mobbing et mesures

Le mobbing est donc un phénomène précis et tout à fait identifiable. *Il s'agit d'une entité (harcèlement), c'est-à-dire d'un seul acte constitué d'un ensemble d'agissements.* C'est cette entité qui permet en droit d'établir le lien de causalité avec le préjudice (dommage et tort moral) encouru par la victime. Ce lien de causalité serait en effet bien plus difficile à démontrer en présence d'actes retenus comme isolés, même s'ils causaient un dommage. Penchons-nous donc sur le préjudice supporté par la victime.

Conséquences

Nous n'allons pas aborder ici tous les aspects des conséquences suppor-
tées par la victime, que nous désignerons de manière large sous le terme
« préjudice », ni la question des coûts (extrêmement élevés) engendrés
pour la victime, l'entreprise et la société en général par le mobbing.
Pour en savoir plus, n'hésitez pas à consulter la littérature spécialisée[1].

EN PRATIQUE

Je peux estimer un coût minimal par dossier, entre assurances
sociales, frais médicaux, frais d'avocat et de justice pour la victime,
conséquences pour l'entreprise, à une somme comprise entre
10 000 et 60 000 francs suisses (de 6 600 à 39 500 euros), sans
tenir compte des cas où le dommage est constitué par la perte de
gain suite à l'attribution de l'assurance invalidité et dont les
montants peuvent être très élevés. En Suisse, le montant le plus
élevé alloué en réparation du préjudice encouru par une victime
de mobbing à qui l'assurance invalidité a été attribuée était de
800 000 francs suisses (526 500 euros)[2].

Abordons ici très brièvement l'impact qu'un tel processus a sur la
victime, en particulier sur le plan humain ainsi que sur sa santé physique et psychique. Tous les auteurs s'accordent à considérer le
mobbing comme un facteur de stress social extrême aux conséquences importantes et durables pour la victime, pouvant déboucher sur
un « *post-traumatic stress disorder* » (PTSD) ou syndrome de stress
post-traumatique[3] (voir le chapitre 2).

---

1. Voir les ouvrages cités : Wennubst, G., 1999, p. 213 et auteurs cités.
2. Tribunal civil d'arrondissement de Lausanne, cause TO 97.000677, du
   2 juin 2003, jugement motivé du 28 janvier 2004, confirmé par jugement de la
   chambre des recours du Tribunal cantonal du canton de Vaud, cause n° 673, du
   27 octobre 2004 (dommage à 597 113 francs suisses, avec intérêts à 5 % par an
   dès le 26 juillet 1997 et 47 925 francs suisses de dépens).
3. Voir la littérature existante : rapport du SECO, ouvrages de Heinz Leymann, Berndt
   Zuschlag, Dieter Zapf, Angelo Vicario, Marie-France Hirigoyen, Élisabeth Conne-
   Perréard, Gabriella Wennubst, etc. Voir également Éliacheff, C., Soulez-Larivière,
   D., 2007.

Il s'agit de troubles très spécifiques au harcèlement enduré et qui doivent être appréciés sous cet angle particulier. Leur gravité n'est d'ailleurs pas proportionnelle à la durée du mobbing, mais relève d'autres facteurs. Ces désordres peuvent influer sur tous les aspects de la vie de la victime et hypothéquer, par exemple, sa réinsertion dans le monde du travail, prolonger une période de chômage, aboutir à l'obtention d'une rente pour cause d'invalidité, influencer les relations familiales, voire mener au suicide. Ainsi, l'exclusion du monde du travail d'une victime de mobbing qui a déjà un certain âge, et pour qui la retraite est trop proche et trop lointaine à la fois, peut entraîner une véritable déchéance sociale.

Sans lister toutes les conséquences constatées sur le plan médical[1], j'ai personnellement observé l'empreinte psychologique toute particulière que les événements vécus laissent sur la victime, et les angoisses qu'elle doit surmonter afin de se réinsérer dans le monde du travail. Et si les capacités de résilience varient selon les personnes, il est certain que la voie vers le rétablissement est longue pour tous et tributaire de nombreux facteurs.

Il est donc très important de retenir que le préjudice supporté par la victime est très spécifique au mobbing subi et doit être à tout prix appréhendé en lien avec la situation particulière qu'elle a dû affronter. À défaut, le préjudice pourrait être sous-estimé ou jugé disproportionné par rapport à des faits retenus comme étant de simples actes isolés, une relation conflictuelle ou des conflits de travail.

Faire cesser le mobbing *par des mesures adéquates*

L'importance d'adopter des mesures de protection adéquates de la personnalité, préconisées par le droit, est donc réelle. Sans entrer dans les détails, on observe néanmoins que lorsque l'on parle de mobbing, on parle beaucoup de médiation. Cependant, la médiation classique ne peut être retenue comme une mesure adéquate pour faire cesser le mobbing.

---

1. Conne-Perréard, É., *Atteintes à la santé et harcèlement moral*, manuscrit (non publié) ; Künzi G., Vicario, A., Künzi D., Jeandet C., 2006, p. 56-61 ; Hirigoyen, M.-F., 2001.

Un employeur qui adopte une telle mesure pour faire cesser le mobbing viole ainsi ses obligations contractuelles et légales en matière de respect et de protection de la personnalité de ses employés. En effet, l'interaction créée entre « mobbeur » et mobbé » est un rapport d'agresseur à agressé, caractérisé, qui plus est, par une communication non éthique imposée unilatéralement par le mobbeur.

Marie-France Hirigoyen observe à juste titre qu'une médiation est inapplicable en matière de harcèlement du fait justement de l'absence de conflit. La médiation, par les principes mêmes qu'elle met en œuvre[1], et en particulier l'obligation de neutralité du médiateur, n'est pas apte à venir à bout d'une telle problématique. Personne d'ailleurs ne songerait à proposer un tel remède en cas de harcèlement sexuel ou pour mettre fin aux agissements d'un pervers.

De plus en plus d'auteurs s'accordent à mettre en doute la validité de cette mesure, comme Marie-France Hirigoyen ou encore Maître Jean-Bernard Waeber, qui observe que la médiation en cas de mobbing est impossible[2], ou d'autres intervenants en la matière, comme Anne-Catherine Salberg[3], ou Francine Courvoisier[4], médiateurs.

Dans ma pratique, j'ai pu observer que l'auteur présumé d'un mobbing refuse en général d'entrer en médiation. Plus inquiétant est que, lorsqu'il accepte la médiation, celle-ci est instrumentalisée et intégrée dans la stratégie du mobbing. La médiation devient le lieu de la poursuite du discrédit jeté sur la victime, le médiateur étant pris à témoin. Par la suite, le « mobbeur » fait état de sa bonne foi et de sa bonne volonté en arguant de sa participation à une médiation ou à une conciliation dans le but d'écarter l'accusation de mobbing.

Approche critique des exemples retenus

À la lumière des observations élaborées jusqu'ici, examinons à présent les définitions retenues plus haut dans ce chapitre.

---

1. Courvoisier, F., 2002, p. 113 et suivantes.
2. Télévision suisse romande (TSR1), « Mobbing et harcèlement sexuel », in *Comment ça va ?*, présenté par Sofia Pekmez, 21 novembre 2001.
3. Salberg, A.-C., Grosvernier, A., *La médiation dans les relations de travail*, manuscrit, p. 2.
4. Courvoisier, F., 2002, p. 109-134, en particulier p. 134.

Dictionnaire Le Petit Larousse illustré *(2008)*

Pour *Le Petit Larousse*, il existe donc une seule forme de harcèlement moral, sans autres distinctions et il est inhérent au seul monde du travail. Or, nous avons vu que cette approche était inexacte. De plus, seuls des collègues ou des subordonnés peuvent en être victimes. Aucun supérieur hiérarchique ne peut donc être victime de mobbing au sens du *Petit Larousse*, ce qui est également inexact. Enfin, la finalité du harcèlement serait de dégrader les conditions de travail de la victime et de la déstabiliser. Des agissements malveillants qui n'auraient pas pour effet de dégrader les conditions de travail de la victime ou qui n'arriveraient pas à la déstabiliser ne pourraient donc pas être qualifiés de mobbing. Là encore, ce n'est pas exact.

Arrêt du Tribunal fédéral suisse (ATF) 2P.207/2002 du 20 juin 2003

Des critères cumulatifs

Alors qu'en France, on ne s'encombre pas trop de ces questions, le Tribunal fédéral suisse, peut-être conscient des difficultés posées par les critères de durée et de fréquence de Heinz Leymann, en a gardé le principe en en assouplissant toutefois la rigueur par l'adoption de la notion d'actes devant être « *répétés fréquemment pendant une période assez longue* », c'est-à-dire de manière fréquente et durable.

Une interprétation littérale fait penser que ces deux critères doivent se réaliser de façon cumulée. Ce qui signifie qu'en l'absence de durée, un Tribunal pourrait faire l'économie d'examiner le critère de fréquence et inversement. L'exemple présenté plus haut de l'architecte serait donc, à la lumière de cette définition, reconnu comme un cas de mobbing pour ce qui est de la durée, mais la fréquence pourrait faire l'objet de discussions. Le sort de l'employée enceinte, autre exemple présenté plus haut, est à l'évidence précaire, le critère de fréquence étant réalisé, mais pas celui de durée. Le Tribunal fédéral suisse a fait en outre le choix d'introduire des notions indéterminées, qui seront appelées à être précisées par le juge.

La durée

La logique voudrait qu'un juge ne puisse pas retenir une durée supérieure à six mois, tant celle-ci est contestée en doctrine. Elle devra se situer entre zéro et six mois, ce choix demeurant toutefois arbitraire et créant ainsi une forte insécurité. Rappelons cependant que si l'architecte a voulu tenir bon à tout prix pendant trois ans, l'employée enceinte a craqué très rapidement, tout comme l'épouse d'un ressortissant suisse naturalisé, dont nous examinerons le cas plus loin.

Par l'adoption de ce critère, qui est lié à un facteur éminemment subjectif, la capacité individuelle de résistance de la victime aux actes endurés, le Tribunal fédéral suisse impose en quelque sorte à toutes les victimes une capacité minimale de résistance commune, qui plus est de durée incertaine. L'employeur sera fondé à se référer à cette jurisprudence lorsqu'il sera alerté par l'un de ses employés soumis à un mobbing.

Ce délai d'attente de durée incertaine, qui permet de rejeter de manière apparemment fondée une allégation de mobbing, entraîne ainsi de multiples conséquences pour le plaignant. Celui-ci ne saura pas s'il doit attendre (six mois au moins par mesure de précaution dès lors qu'il prend subjectivement conscience des événements en cours) et s'exposer ainsi à l'atteinte, ou alerter rapidement son employeur. S'il attend, ce silence pourrait lui être reproché. S'il se manifeste trop tôt, s'il craque ou est licencié trop rapidement, l'employeur pourra être fondé à rejeter toute allégation de mobbing, en arguant que l'atteinte ne dure pas depuis six mois ou risque d'aborder la situation de façon inadéquate en adoptant des mesures inadaptées aux circonstances (par exemple une médiation ou une simple confrontation entre travailleurs).

Il est pourtant communément admis que seule une intervention précoce et affirmée peut avoir quelques chances de mettre en échec la poursuite du mobbing. Une requête de mesures provisoires en cessation d'atteinte à l'encontre d'un employeur récalcitrant n'aura aucune chance de succès si elle est introduite prématurément, le juge étant fondé à rejeter l'hypothèse du mobbing ou à prôner l'adoption de mesures en réalité inadéquates.

Qui plus est, selon la jurisprudence en vigueur, un employeur censé avoir pris toutes les mesures qu'on pouvait attendre de lui[1] pour mettre fin à ce qu'il pourra en toute bonne foi qualifier de relations conflictuelles, est fondé à licencier un des travailleurs lorsque le conflit perturbe le climat de travail. Ce licenciement ne sera pas qualifié d'abusif. Or, par le processus de stigmatisation, si bien décrit par les différents auteurs[2], c'est en général le travailleur plaignant qui est licencié, non le « mobbeur ».

La fréquence

La fréquence ne semble pas encore avoir fait l'objet d'analyses pointues en jurisprudence suisse. Cependant, à l'évidence, le Tribunal fédéral suisse, par le choix de ce critère, subordonne en pratique la reconnaissance d'un cas de mobbing à la seule volonté du « mobbeur. »

C'est à raison que le Tribunal de police du district du Val-de-Ruz (jugement du 8 sept. 2003) observe ainsi qu'« *il existe de nombreuses définitions du* mobbing *qui, en général, mettent l'accent sur les éléments suivants : son intensité, sa fréquence, sa durée, son but. Certaines définitions qui fixent des règles très strictes quant à la fréquence et/ou la durée des actes ne peuvent être retenues. Des cas graves échapperaient à de telles définitions et ces dernières pourraient en outre donner à certaines personnes l'impression qu'elles sont libres d'agir, pourvu qu'elles le fassent avec une fréquence non contenue dans la définition* ».

Ainsi, pour ce qui est de la durée et de la fréquence, la solution des exemples de l'architecte et de l'employée enceinte, qui semblent relever à l'évidence du mobbing, resterait incertaine s'ils devaient être soumis aujourd'hui à l'examen du Tribunal fédéral suisse.

La répétition d'actes

Le Tribunal fédéral suisse a déjà exclu « *qu'un seul acte hostile, ni même deux, suffise à former un tel enchaînement, partant un harcèlement psychologique* » (ATF 2P.207/2002, consid. 4.3.2). Il laisse ouverte la question du nombre d'actes à partir desquels une répétition est constitutive de harcèlement.

---

1. À titre d'exemple : ATF 125 III 70 ; ATF 4C.253/2001 ; ATF 4C.189/2003.
2. Leymann, H., 1996, p. 77 et suivantes ; Schupbach, K., Torre, R., 1996, p. 37.

En France aussi, la jurisprudence retient qu'un acte isolé ne peut être constitutif de harcèlement moral (Cass. soc., 26 janv. 2005, n° 02-47.296).

À SAVOIR

En ayant adopté la définition suivante, la législation québécoise retient qu'un seul acte peut être constitutif de mobbing : « *Le mobbing est une conduite se manifestant par des paroles, des actes ou des gestes généralement répétés et non désirés, et qui est de nature à porter atteinte à la dignité, à l'intégrité psychologique ou physique de la personne, ou de nature à compromettre un droit, à entraîner pour elle des conditions de travail défavorables, une mise à pied, un congédiement ou une démission forcée. Un seul acte grave qui engendre un effet nocif peut aussi être considéré comme du harcèlement* » (14 mai 2001).

Quel serait alors le sort, à titre d'exemple, d'un cas consistant en trois actes de calomnie par voie de presse visant à détruire la réputation de la cible afin de justifier sa mise à l'écart des hautes fonctions qu'elle exerce ? Il est vrai qu'un tel cas peut s'appréhender sous l'angle du droit pénal. Cependant, pourra-t-on par le biais de conclusions civiles en procédure pénale couvrir l'intégralité du préjudice, c'est-à-dire la destruction d'une carrière et un choc psychologique pouvant entraîner une dégradation de l'état de santé (ennuis cardiaques, par exemple) ? Par une action civile parallèle, en cas de valeur litigieuse limitée en conclusions civiles, la victime ne sera pas en mesure d'alléguer un cas de harcèlement, risquant ainsi de voir le lien de causalité entre les actes et le préjudice subi rejeté.

En conclusion, on voit donc bien dans quel paradoxe inextricable les critères adoptés par le Tribunal fédéral suisse placent tous les protagonistes d'une affaire de mobbing, juges y compris, et pourquoi dès lors on ne peut adhérer à l'adoption des critères de durée et fréquence, qui ne sont ni nécessaires, ni pertinents pour diagnostiquer le mobbing. La notion de répétition est indispensable pour retenir le harcèlement, mais ici encore, il faudrait faire preuve de grand discernement pour en fixer les contours dans une jurisprudence future[1].

---

1. Wennubst, G., 1999, pp. 87-88.

Nous préconisons la même prudence que celle adoptée pour le harcèlement sexuel. En effet, l'identification et la compréhension du phénomène permettent d'affirmer qu'un processus de mobbing l'est dès le premier acte, bien qu'il reste difficile de le prouver.

Jugement du Tribunal de police du district du Val-de-Ruz (Suisse) du 8 septembre 2003

La concertation entre auteurs

Le Tribunal de police du district du Val-de-Ruz, dans son jugement du 8 septembre 2003, retenant qu'il manquait l'élément de la concertation entre auteurs présumés, a donc écarté l'allégation de mobbing. Cette approche nous semble manifestement contraire à toutes les études en la matière et ne peut être valablement défendue.

La concertation voulue et consciente entre auteurs nous oriente vers le complot ou la conspiration. Ancrer cet élément dans la jurisprudence impliquerait d'éliminer purement et simplement la notion de mobbing collectif, qui désigne une alliance instinctive entre personnes, plus ou moins actives ou passives selon les circonstances d'espèce.

Si, pour monter un complot, des personnes se voient pour planifier la suite de leurs actes, on ne retrouve pas nécessairement de concertation explicite ou organisée pour déclencher ou poursuivre un mobbing perpétré par plusieurs individus. L'absence de concertation ou d'orchestration entre auteurs ou complices plus ou moins actifs n'implique pas que ces protagonistes ne soient pas conscients des événements en cours, voire en parlent entre eux, comme le montrent les témoignages d'auteurs de mobbing cités plus haut.

Retenir à tort un complot au lieu d'un processus de mobbing n'a pas, à première vue, de conséquences fâcheuses pour la victime, puisque le lien de causalité avec le préjudice qu'elle a subi pourra vraisemblablement être établi. En revanche, écarter le mobbing parce que les conditions de réalisation d'une conspiration ou d'une alliance volontaire et concertée entre personnes ne sont pas réunies est lourd de conséquences pour la victime. Ainsi, la définition adoptée par le Tribunal de police du district du Val-de-Ruz risque-t-elle d'exclure en pratique tous les cas de mobbing collectif.

L'exclusion

Certaines définitions retiennent que le mobbing consiste en une répétition d'actes hostiles visant à chasser la victime de son emploi. C'est la version de la définition américaine retenue par le Tribunal de police du district du Val-de-Ruz. Dans cette optique, la perte de l'emploi doit être réalisée pour pouvoir retenir l'hypothèse d'un mobbing.

Un tel critère mettrait à mal par exemple toute action en cessation d'atteinte, introduite par définition pendant que la victime est encore employée contre son employeur réticent à respecter son obligation de protéger la personnalité de ses employés, le mobbing ne pouvant pas alors être retenu du fait que son issue n'est pas encore réalisée.

En réalité, l'isolement, l'éloignement ou l'exclusion touche un « cercle de relations donné », c'est-à-dire tous les cas de figure allant de la sphère de l'auteur du mobbing au service où travaille la victime, de la relation de travail en général aux fonctions qu'elle exerce (par une mise au placard par exemple), du poste de travail à l'entreprise.

Ainsi, lorsque le mobbing est le fait de collègues, ceux-ci visent à isoler ou à exclure la victime de leur cercle, non forcément à la forcer à quitter son emploi. Des victimes de mobbing peuvent ainsi être exclues des années durant du cercle de leurs collègues tout en préservant leur travail. Il est vrai également que souvent, la victime finit par craquer ou que les relations s'enveniment à tel point, que le résultat est inévitablement la perte de l'emploi. Surtout si l'employeur se fie aux mécanismes, si bien décrits en littérature, de stigmatisation de la victime qui passe pour l'agresseur et non l'inverse, pour la licencier, au motif qu'elle a des difficultés d'intégration dans l'équipe et perturbe le climat de travail. La perte de l'emploi peut dès lors constituer seulement un dommage collatéral et non l'objectif poursuivi à l'origine par les « collègues-auteurs ».

Si le mobbing est le fait de l'employeur, il peut s'agir non seulement d'éloigner la cible de l'entreprise, comme dans les deux exemples précédents de l'architecte et de l'employée enceinte, mais également d'exclure la victime de sa fonction en la mettant sur une voie de garage, au placard, ou en retraite anticipée, en la rétrogradant, etc. Par exemple, déplacer le directeur d'un département à un bureau au neuvième étage d'un bâtiment, alors que son équipe travaille au deuxième étage d'un autre bâtiment, et vider ses fonctions de tout leur contenu.

Si l'on suit l'avis du Tribunal de police du district du Val-de-Ruz, l'exemple de l'architecte, décidé comme il était à tenir bon, ne pourrait ainsi pas être qualifié de mobbing, le licenciement n'étant pas intervenu, sauf erreur, au moment du jugement.

Par ailleurs, l'étude statistique du SECO relève que la perte de l'emploi de la cible se réalise fréquemment[1] quand un supérieur hiérarchique est le « mobbeur », ce qui éclaire sur le but visé en général par les supérieurs hiérarchiques. Cela dit, l'éloignement peut aussi se concrétiser par la mutation de la cible dans un autre service ou à d'autres fonctions.

Ainsi, la définition du Tribunal de police du district du Val-de-Ruz exclut tous les cas de mobbing collectif du fait de collègues, et du fait de supérieurs ou d'employeurs visant un but autre que l'exclusion de la victime de l'entreprise.

Dès lors, le critère d'alliance entre auteurs et leur but, c'est-à-dire éloigner la victime de son travail, nous semblent inacceptables.

Jugement du Tribunal des prud'hommes de Zurich du 23 janvier 2002[2]

Contrairement à ce que soutient la jurisprudence zurichoise, aucune étude en matière de mobbing ne retient l'existence d'un profil type de victime[3]. Tout ce que nous avons examiné précédemment permet d'admettre que n'importe qui peut être victime de mobbing, lorsqu'il/elle fait écho aux peurs (conscientes/inconscientes) de l'auteur et représente une menace et/ou un obstacle (réel ou par projection) pour ses intérêts.

Par exemple, dans le cadre d'un *whistleblowing*, le mobbing peut se déclencher contre une personne manifestant un certain sens éthique

---

1. Rapport du SECO, 2003, p. 45.
2. JAR 2003 245.
3. Wennubst, G., 1999, p. 54 et suivantes et auteurs cités ; Wennubst, G., 2007, p. 32 et suivantes et auteurs cités.

dans un environnement corrompu, ou qu'en cas d'abus de pouvoir d'un supérieur, il peut se déclencher contre une personne qui fait preuve de sens critique à l'encontre de ce dernier.

L'inexistence d'un profil type de victime de mobbing n'exclut toute-fois pas que dans certains cas, la conduite de la victime ou certains traits de son caractère entrent en interaction avec le déclenchement du processus. Cependant, encore faut-il qu'elle soit confrontée à une ou des personnes enclines à choisir cette « *coping-stratégie* » pour résoudre le problème que la victime représente pour elles. Il faut néanmoins rappeler que le mobbing est un acte illicite, qui ne peut se justifier que par le consentement de la victime, la loi ou un intérêt prépondérant public ou privé.

Toutefois, un intérêt privé prépondérant dont pourrait se justifier un harceleur résisterait mal à l'examen par le juge d'une pesée d'intérêts et de la notion de proportionnalité. En effet, un travailleur, confronté par exemple à un collègue difficile, doit en alerter l'employeur et requérir que soit prise une ou des mesure(s) permettant de le proté-ger. Il ne peut décider de se faire justice seul en « mobbant » son col-lègue. Ses obligations contractuelles et légales, autant en Suisse qu'en France, lui imposent d'ailleurs de participer à la protection de la santé au sein de l'entreprise qui l'emploie.

Pour ce qui est du profil du « mobbeur », les hypothèses s'orien-tent vers la vulnérabilité, une faille dans la construction de sa per-sonnalité, qui fait qu'il opte pour une telle stratégie pour résoudre une situation à son avantage et qu'il compense ses lacunes, fai-blesses et vulnérabilités par cette démonstration de force fondée sur, et mise en œuvre par, des moyens éminemment déloyaux. On peut y voir de troublantes analogies entre comportement humain et animal.

La décision zurichoise pourrait dès lors s'appliquer au harceleur, et confirmer le droit de l'employeur de procéder à son licenciement dans l'intérêt de son entreprise, compte tenu des risques de récidive que présentent de telles personnalités.

Retenir un profil type de victime est donc une approche non fon-dée et contraire aux recherches en la matière. Une telle approche renforce tout ce que les mesures de prévention et cessation d'atteinte sont censées combattre : le rejet et la stigmatisation de la victime.

Le mobbing dans des contextes autres que le monde du travail

La notion de mobbing a été étudiée à l'origine dans trois domaines différents au moins, en éthologie, en psychologie infantile et en psychologie adulte, en relation avec l'emploi. Heinz Leymann lui-même, bien qu'il ait concentré ses efforts sur l'étude du phénomène dans le milieu professionnel, n'a jamais prétendu que le mobbing était un concept réservé uniquement à ce contexte. Il en a d'ailleurs examiné un exemple dans une école militaire pour officiers pour illustrer l'une des circonstances capitales favorisant l'existence du mobbing : les déficiences en matière de management[1]. Il a même souligné les possibles effets dévastateurs du mobbing au travail sur la vie entière de la victime, à la différence du mobbing dans d'autres contextes, comme les loisirs aux conséquences plus limitées[2].

En réalité, en tant que comportement psychologique relevant des « *coping*-stratégies », le mobbing peut être adopté dans toutes les circonstances et cadres de vie, allant du contexte familial au parti politique, du cadre scolaire aux relations de voisinage, du cadre professionnel au service militaire. Il devient alors difficile de comprendre pourquoi certaines publications entendent associer cette notion au contexte professionnel exclusivement. En France, se développe d'ailleurs actuellement une mouvance très active qui vise à faire reconnaître les formes de harcèlement moral dans le cadre de la sphère privée.

En pratique

Un ressortissant étranger venu en Europe pour ses études se marie avec une Suissesse et acquiert la nationalité suisse. Après son divorce, il convole en secondes noces avec une personne de son pays d'origine, qui le rejoint en Suisse. Peu après l'arrivée de sa nouvelle épouse, les autorités de son canton d'origine lui adressent un courrier l'informant que, du fait de son second mariage avec une
.../...

---

1. Leymann, H., 1996, p. 161 ; voir également Schupbach, K., Torre, R., 1996.
2. Leymann, H., 1996, p. 39.

…/…

étrangère, son premier mariage est soupçonné d'avoir été blanc, et l'avertissant de l'ouverture d'une enquête pouvant aboutir au retrait de sa nationalité suisse. Quinze jours après la réception de ladite missive, le conjoint commence à formuler des reproches contre son épouse pour des broutilles, comme de ne pas avoir mis à son anniversaire la robe qu'il voulait. Les reproches s'intensifient. Le conjoint oblige son épouse à dormir au salon, lui interdit de lui adresser la parole, de téléphoner et intercepte son courrier. La nuit, il la réveille pour lui enjoindre de rentrer au pays, et essaye de la contraindre à signer une lettre dans laquelle elle reconnaît avoir abandonné le domicile conjugal. Dans leur pays, où le droit canonique reste en vigueur, ces aveux sont destinés à permettre à l'époux de demander le divorce et en attribuer la responsabilité à l'épouse afin de la priver de pension alimentaire. L'épouse refuse de signer et de partir, et les actes hostiles s'intensifient. Dans un état de choc et de délabrement psychologique très intense, elle finit par quitter le domicile conjugal et trouver refuge dans un foyer pour femmes victimes de violence. Le mari continue à la persécuter dans la rue en lui ordonnant de rentrer au pays, la menaçant si elle ne s'exécute pas. Il l'accuse d'avoir volé des biens appartenant pourtant à l'épouse et en fait état au service des étrangers, invitant les fonctionnaires à retirer son permis de séjour à son épouse et à l'expulser de Suisse. Le langage tenu par l'époux au cours de diverses audiences devant le Tribunal est parmi les plus parfaits exemples de communication non éthique qu'il me soit arrivé d'entendre. Aucun raisonnement des plus logiques et objectifs n'a pu fléchir l'irrationalité pervertie du raisonnement de l'époux. Les actes hostiles ont perduré pendant trois mois environ, et ce n'est qu'une action en cessation d'atteinte, par mesures provisionnelles et une plainte pénale qui ont eu raison de son acharnement.

Voici un deuxième exemple issu de la jurisprudence, portant sur des relations de voisinage ayant abouti à une plainte pour contrainte au sens de l'art. 181 Code pénal suisse (arrêt ZH, OG 13.12.1983, RSJ 81 [1985] n°6, p. 26), des voisins ayant fait beaucoup de bruit, en laissant hurler la radio sans raison de jour comme de nuit, et en brisant les vitres en hiver alors que le chauffage était en panne, afin de forcer leurs voisins à déménager. Diverses situations de ce type sont d'ailleurs régulièrement médiatisées ou font l'objet de scénario de films, comme un épisode de la série de téléfilms français « Joséphine ange gardien », où un propriétaire d'immeuble multiplie les actes de malveillance pour inciter les locataires à partir afin de procéder à des travaux de rénovation et augmenter ainsi les loyers des nouveaux locataires.

L'analogie entre ces cas et les exemples examinés précédemment est patente, et se passe de tout commentaire. Soutenir que le mobbing est réservé au monde du travail uniquement impliquerait de rechercher une autre terminologie pour désigner un comportement identique dans d'autres contextes, voire, pire, entraînerait le risque de voir un Tribunal refuser de reconnaître l'existence de ce phénomène en dehors des relations de travail.

En revanche, il est important de pouvoir dégager des critères sûrs d'identification du phénomène, afin d'éviter qu'une personne, soumise à un conflit prolongé et envenimé, quelles que soient les circonstances, argue en dépit du bon sens qu'il s'agit de mobbing, risquant de surcharger les tribunaux de prétendus cas de mobbing.

Définir le mobbing : une nécessité

Du fait de ses particularités, de ses spécificités et de ses conséquences, définir le mobbing s'avère vraiment nécessaire. Un employeur ne pourra ainsi pas faire l'économie de vérifier les faits portés à sa connaissance sous cet angle, s'il veut, et il le doit, aborder la situation correctement et adopter les mesures commandées par les circonstances.

Toutefois, selon la définition de mobbing retenue, un employeur ou un Tribunal risque d'écarter dans certains cas l'hypothèse d'un mobbing alors qu'il s'agit bien de cela, et de retenir en lieu et place une simple relation conflictuelle, ou des actes d'atteinte isolés.

Si l'art. 328 du Code suisse des obligations permet d'appréhender ces cas de figure également, le rejet du statut de victime de mobbing fait encourir au plaignant de nombreux risques. Les souffrances que la victime a endurées risquent de ne pas être appréciées à leur juste valeur et pourront paraître incompréhensibles ou disproportionnées par rapport aux éléments de fait retenus par un Tribunal.

Le rejet de la notion d'entité (harcèlement) mettra en péril l'établissement du lien de causalité avec le préjudice subi. En droit pénal, les conditions de réalisation d'infractions comme les voies de fait ou les lésions corporelles graves par négligence risqueront de ne pas être réunies.

En France aussi, si le harcèlement n'est pas reconnu, la poursuite pénale en application de la nouvelle norme pénale adoptée ne sera pas possible.

À SAVOIR

Selon l'art. 222-33-2 du Code pénal français, « *le fait de harceler autrui par des agissements répétés ayant pour objet ou pour effet une dégradation des conditions de travail susceptibles de porter atteinte à ses droits et à sa dignité, d'altérer sa santé physique ou mentale ou de compromettre son avenir professionnel, est puni d'un an d'emprisonnement et de 15 000 euros d'amende* ».

Les mesures adoptées par l'employeur, comme la médiation par exemple, pour mettre fin aux difficultés rencontrées entre travailleurs, pourront être retenues comme adéquates et l'employeur libéré de ses obligations contractuelles, voire de sa responsabilité, alors qu'en réalité, elles n'étaient pas adaptées aux circonstances et l'employeur n'a pas fait preuve de toute la diligence requise. De plus, les délais de prescriptions risquent d'être calculés différemment, avec tous les inconvénients qui en découlent. Enfin, le licenciement du travailleur plaignant pourrait ne pas être qualifié d'abusif pour les différents motifs vus précédemment.

Définir le mobbing se révèle dès lors une nécessité, en veillant cependant à ce que cette définition soit pertinente et adéquate.

CHAPITRE 4

Mobbing *or not* mobbing

Identifier les cas de mobbing

Attention aux abus

Il semble que, autant en Suisse qu'en France, les plaintes pour mobbing soient en baisse, ce qui est heureux. Jusqu'à il y a peu, cette notion était devenue en effet une sorte de « fourre-tout », au risque de la disqualifier et mettre ainsi en danger les droits des vraies victimes de mobbing.

En France, Patrice Adam, maître de conférence à l'université de Nancy 2, relève avec une certaine pertinence que dans l'esprit de beaucoup de salariés, toute souffrance mentale ou psychologique en lien avec les conditions de travail peut « *se subsumer sous l'œcuménique étendard du harcèlement moral* ». Cette tendance a été favorisée, selon lui, par la définition légale française du harcèlement moral, imprécise, qui a contribué à renforcer chez certains la croyance d'en être victime. Patrice Adam relève également l'heureux travail des juges du contrat de travail qui ont su résister à la tentation dangereuse d'ouvrir la notion de harcèlement moral à tous les vents (et ce faisant à toutes les tempêtes)[1].

C'est bien pour cela que nous insistons tant sur l'importance d'adopter une définition du mobbing correcte, pertinente et efficace en

_____

1. Adam, P., 2007, p. 9.

droit. *Pour mémoire, nous avons retenu dans le chapitre précédent la défi-nition suivante, en soulignant une fois encore que le mobbing n'est qu'une forme parmi d'autres de harcèlement psychologique (voir le chapitre 3)* : par mobbing on entend une répétition d'actes hostiles (harcèle-ment) par un ou des auteurs tendant à isoler, marginaliser, éloigner ou exclure la victime d'un cercle de relations données, voire à la neutraliser. ***Il s'agit d'un acte unique composé d'un ensemble d'agissements. Ce processus se caractérise par le choix du « mobbeur » d'une communication non éthique et par un déplacement de la responsabilité sur la victime.***

Il faut impérativement garder à l'esprit que le droit suisse (art. 328 du Code suisse des obligations[1]) est parfaitement en mesure d'appréhender toutes les situations d'atteinte à la person-nalité du travailleur dans le cadre du contrat de travail. Il est ainsi inutile et dangereux d'invoquer le mobbing là où il n'y en a pas. À titre d'exemple, un cas d'abus de pouvoir peut donner lieu à une indemnité pour tort moral, pour autant que les conditions en soient réunies. L'allégation de mobbing doit être réservée au cas où il est réellement réalisé, de sorte qu'un juge puisse appréhen-der correctement le lien de causalité avec le préjudice encouru.

Protéger la personnalité du travailleur

L'emploi et l'abus de la notion de mobbing en toutes circonstances n'ont abouti qu'à desservir le but recherché : protéger la personnalité du travailleur. Ainsi, un supérieur hiérarchique grossier et désobli-geant à l'encontre de tous ses subordonnés ne fait pas de mobbing, mais porte certainement atteinte à la personnalité de tous. Rien n'empêche en revanche qu'il adopte en plus une véritable stratégie de mobbing pour éloigner celle ou celui parmi ses subordonnés qui ose s'opposer à son comportement, ou qui représente une gêne, quelles qu'en soient les raisons (concurrence, jalousie, etc.). Le dos-sier du plaignant devra ainsi mettre en exergue d'une part les maniè-res grossières en général dudit chef et, d'autre part, l'existence d'une stratégie de mobbing dirigée en particulier à l'encontre de l'insoumis ou du gêneur : il s'agit de prouver que ce dernier est devenu plus

---

1. Code fédéral suisse des obligations du 30 mars 1911 (CO, RS 220).

particulièrement la cible d'actes hostiles (modification arbitraire d'horaires de travail, accusations infondées, avertissements injustifiés) afin de l'exclure (menaces de licenciement, enfin licenciement). Un juge devra donc prêter particulière attention à un tel parcours, et ne pas s'arrêter au seul constat d'un supérieur hiérarchique généralement grossier, au risque de sous-estimer la nature réelle des événements vécus par ce travailleur-là en particulier, victime de mobbing.

En pratique

Citons le cas d'un supérieur hiérarchique qui ne se privait pas de traiter ses employées de « *basse-cour* » et de « *poulailler* », tout en ayant déclenché un véritable mobbing à l'encontre d'une seule d'entre elles pour des motifs de « jalousie de métier ».

Le cas France Télécom

Le témoignage de Yonnel Dervin, technicien chez France Télécom, s'inscrit dans le cadre des troubles sociaux qui ont cours dans cette entreprise[1] depuis 2008, se manifestant notamment par un nombre très important de suicides. Au-delà de sa dimension humaine, ce témoignage nous renseigne sur trois situations différentes.

Les événements décrits par Yonnel Dervin sont intervenus dans le cadre de la réorganisation et de la restructuration de France Télécom, entreprises depuis sa privatisation. Les effectifs de France Télécom, France, sont passés de 161 700 collaborateurs en 1996 à 103 000 personnes en 2009. La privatisation a conduit à un changement radical de la culture d'entreprise[2].

Yonnel Dervin décrit d'abord la progressive déshumanisation généralisée des conditions de travail qui touche tous les collaborateurs par le choix de certaines mesures comme l'attribution aux agents

---

1. Dervin, Y., *Ils m'ont détruit ! Le rouleau compresseur de France Télécom*, Michel Lafon, 2009.
2. Source : rapport du ministère du Travail, Inspection du travail, section 15A, Paris, du 4 février 2010, transmis au Procureur de la République.

commerciaux d'un numéro de matricule pour les identifier, l'affichage en permanence et à la vue de tous du temps consacré par chacun aux tâches dévolues, le délai de réponse au client minuté, l'obligation de demander la permission pour se rendre aux toilettes, les longs stationnements en situation assise, les pauses minutées, etc.

Il décortique ensuite la stratégie mise en œuvre afin d'encourager une partie des collaborateurs à quitter l'entreprise par la création du « Pôle Emploi » et d'un site Intranet spécifique, censés faciliter les démarches pour trouver un nouvel emploi. L'insistance par laquelle il est rappelé aux collaborateurs qu'il faut examiner toutes les opportunités de changement, y compris hors de France Télécom, l'envoi non requis de listes d'offres d'emploi, et l'acharnement sur les collaborateurs qui s'informent sur « l'aide à la mobilité » pourraient être qualifiés de « harcèlement-manipulation ».

Enfin, Yonnel Dervin décrit une stratégie qui laisserait penser au mobbing visant à décourager certaines catégories de collaborateurs (dès 40 ans, statut de fonctionnaire) à rester dans l'entreprise et, par la répétition d'actes hostiles (désorganisation du travail, brimades, remarques sournoises sur l'âge, rétrogradations, isolement social au sein de l'entreprise, évaluations annuelles visant à encourager le départ), à les faire craquer et à les pousser à la démission.

Le récit de Vincent Talaouit[1], ingénieur en génie électrique chez France Télécom Orange, nous introduit, comme celui de Yonnel Dervin, dans les méandres d'un parcours collectif, caractérisé par la mise en place au fil du temps de nouveaux modes de gouvernance, mais aussi d'un parcours personnel, qui aboutit à son exclusion sociale au sein de son entreprise. Ce témoignage fort nous révèle entre autres le contenu de cours de management donnés aux cadres appelés à atteindre les objectifs de mobilité et de dégraissage fixés par l'entreprise. On y découvre, par exemple, l'application aux salariés sélectionnés pour le changement de théories concernant les phases du deuil, inspirées des travaux d'Elisabeth Kübler-Ross, psychiatre américaine, qui a travaillé sur l'accompagnement des patients en fin de vie. Cette technique d'encadrement des cadres vise à leur permettre de prendre une distance par rapport aux tragédies personnelles qu'ils

---

1. Talaouit, V. et Bernard, N., *Ils ont failli me tuer*, Flammarion, 2010.

sont appelés à engendrer, grâce à l'identification du positionnement du collaborateur sur le graphique des phases du deuil et donc à la conviction qu'il s'agit d'un problème qui lui appartient et qu'il résoudra avec le temps, conformément au schéma appris.

S'agissant de son sort personnel, on y lit la description prenante de l'isolement progressif dont Vincent Talaouit fait l'objet, avec quelques compagnons d'infortune, du fait que leur supérieur hiérarchique ne pouvait pas les supporter. Cet isolement aboutit à son abandon dans d'anciens bâtiments soumis à réfection, désormais désertés par le reste de son service, sans outils professionnels ni instructions de travail, sous le regard ahuri des ouvriers en charge des travaux. Le but de cette technique inhumaine était d'amener Talaouit à jeter l'éponge et à démissionner ou à se faire licencier sur le champ pour faute grave s'il s'avisait de ne pas se présenter chaque jour à son poste de travail.

Les observations de Yonnel Dervin et de Vincent Talaouit se recoupent avec les constats de l'Inspection du travail, qui identifie les sources des diverses formes de souffrances observées au sein de l'entreprise dans les méthodes de management mises en œuvre pour réaliser les objectifs fixés dans le cadre des restructurations en cours[1]. Il convient toutefois de rappeler que, la procédure judiciaire étant en cours, toute personne physique et morale mise en cause bénéficie de la présomption d'innocence.

Un examen rigoureux des dossiers

Tous les cas de souffrance au travail ne sont donc pas toujours du mobbing, comme nous l'avons vu dans le chapitre précédent (voir aussi le chapitre 7 pour une aide à l'élaboration de diagnostics différentiels).

---

1. Source : rapport du ministère du Travail, Inspection du travail, section 15A, Paris, du 4 février 2010, transmis au procureur de la République au sens de l'art. 40 du Code de procédure pénale pour infraction aux dispositions de l'art. 223-1 du Code pénal (mise en danger d'autrui du fait de la mise en œuvre d'organisations du travail de nature à porter des atteintes graves à la santé des travailleurs) et de l'art. L. 1152-1 et L. 1152-2 du Code du travail (méthodes de gestion caractérisant le harcèlement moral). Lire aussi à ce sujet l'ouvrage de Diehl, B. et Doublet, G., 2010.

Le Tribunal fédéral suisse retient « *qu'il n'y a pas de harcèlement psychologique du seul fait qu'un conflit existe dans les relations professionnelles* (Marie-France Hirigoyen, « Harcèlement et conflits de travail », in *Harcèlement au travail*, Genève 2002, p. 18), *ni du fait qu'un membre du personnel serait invité – même de façon pressante, répétée, au besoin sous la menace de sanctions disciplinaires ou d'une procédure de licenciement – à se conformer à ses obligations résultant du rapport de travail, ou encore du fait qu'un supérieur hiérarchique n'aurait pas satisfait pleinement et toujours aux devoirs qui lui incombent à l'égard de ses collaboratrices et collaborateurs* » (ATF 2P.207/2002, consid. 4.2).

Patrice Adam, en référence à la jurisprudence et au droit français, relève que « *l'exercice par l'employeur de son pouvoir de direction, peut générer chez ceux qui en subissent les conséquences, parfois désagréables, des mécontentements, des ressentiments, de l'amertume, et créer des tensions ou engendrer des situations importantes de stress ou d'angoisse (pouvant conduire à une augmentation sensible des arrêts de travail pour dépression ou fatigue nerveuse). Il est ainsi incontestablement des situations où l'exercice "non dévoyé" du pouvoir patronal peut conduire à une réelle dégradation des conditions de travail des salariés ou, à tout le moins, engendrer chez certains d'entre eux le sentiment d'une telle dégradation. Le salarié n'en est pas pour autant harcelé au sens de l'article L. 122-49 du Code du travail* (CA Grenoble, 11 déc. 2006, n° 05/03772 : "*Il est constant que des faits de harcèlement ne peuvent être confondus avec l'exercice, fût-il autoritaire, du pouvoir général d'organisation du chef d'entreprise […]. Qu'en effet, toute activité professionnelle peut être à l'origine de contraintes, de difficultés relationnelles ou de stress sans que les problèmes de santé qui en découlent soient* ipso facto *rattachés à des situations de harcèlement moral*"; CA Chambéry, 10 janvier 2006, n° 04/02949 ;   CA   Grenoble,   5 juillet   2006,   n° 05/00172 ; CA Grenoble, 27 mars 2006, n° 04/03590) »[1].

Le Tribunal fédéral suisse observe aussi qu'il faut « *garder à l'esprit qu'il* [le mobbing] *peut n'être qu'imaginaire, sinon même être allégué abusivement pour tenter de se protéger contre des remarques et mesures pourtant justifiées* » (ATF 2P.207/2002, consid. 4.2).

L'usage légitime, objectif, équitable et correct par un employeur de son droit de critique n'est ainsi pas du mobbing, même s'il peut

---

1. Adam, P., 2007, p. 11 et références citées.

parfois heurter la susceptibilité de celui qui en fait l'objet. Il s'agira ainsi d'examiner avec attention si les critiques formulées sont fondées ou infondées. Dans le cas de figure de critiques fondées, il faut aussi s'assurer qu'elles ne sont pas utilisées de façon disproportionnée ou procédurière pour justifier une volonté arbitraire d'exclusion. Jean-Philippe Dunand, avocat, docteur en droit et professeur de droit du travail à l'université de Neuchâtel, cite une décision de la Commission fédérale de recours en matière de personnel fédéral du 12 mai 2004, qui précise qu'« *une évaluation ou notation d'un employé pouvait constituer un acte de* mobbing *lorsqu'elle était détournée de sa finalité et avait pour objectif ainsi que pour effet de porter atteinte à la personnalité du travailleur, notamment par la teneur des observations et par la manière dont les notes étaient systématiquement attribuées* » (cause CRP 2003-038, consid. 5b.dd, in *JAAC 68 122 [2004])*[1].

Jean-Philippe Dunand passe en revue les cas examinés par diverses instances et les éléments qui leur ont permis d'écarter les allégations de mobbing avancées par les plaignants[2]. Aussi, comme le résume Patrice Adam, il existe trois sortes de plaideurs malheureux : celui qui se prétend faussement harcelé ; celui qui l'est vraiment mais dont la demande trébuche sur l'obstacle probatoire ; enfin celui qui, animé du sentiment sincère d'être victime de harcèlement moral, ne l'est pas vraiment[3]. Les deux cas suivants sauront illustrer ces propos.

EN PRATIQUE

Une réceptionniste, de son aveu même peu encline à se peigner, se pensait sincèrement victime de mobbing, car son employeur l'avait obligée à aller chez le coiffeur pour se couper les cheveux, tout en réglant lui-même la note. Une telle instruction peut potentiellement constituer une atteinte illicite à la personnalité du salarié. Toutefois, dans ce cas, étant donné qu'une réceptionniste représente l'entreprise auprès de la clientèle, il ne s'agissait pas d'une instruction illicite, mais d'une prérogative légitime de l'employeur, c'est-à-dire le droit d'exiger une apparence soignée.

---

1. Dunand, J.-P., 2006a, p. 25.
2. Dunand, J.-P., 2006a, p. 23-25.
3. Adam, P., 2007, p. 9.

> **EN PRATIQUE**
>
> Dans cet autre cas, une employée se prétendait victime de mobbing de la part de son chef. Interrogée sur la chronologie des actes hostiles qu'elle aurait subis, elle a refusé de répondre, sous prétexte qu'elle voulait oublier et ne point raviver de si douloureux souvenirs. En lieu et place, elle a fait le récit détaillé de ce qu'elle-même faisait endurer à son supérieur hiérarchique. À la question de savoir si elle souhaitait prendre la place de ce dernier, elle a répondu par la négative, car elle n'en avait pas les compétences. Elle voulait en revanche qu'il soit licencié. D'où son souhait qu'une plainte pour mobbing soit déposée à l'encontre de son chef auprès de la hiérarchie. Le loup, dans ce cas, était manifestement travesti en agneau...

Chaque dossier doit donc faire l'objet d'un examen attentif et rigoureux, afin d'être présenté au regard du juge dans sa juste lumière.

Examen du mobbing

Les éléments du diagnostic

Un avocat traite les cas de mobbing qui n'ont pas pu trouver de solution satisfaisante directement entre employeur et travailleur, à l'amiable. À défaut de recherches sur la question, il est difficile de connaître le nombre de situations réglées ainsi, le délai d'intervention de l'employeur dès que son salarié l'a alerté sur l'existence d'un problème, les moyens mis en œuvre pour vérifier le type de situation rencontrée, quelle sorte de solution a été trouvée ainsi que le degré de satisfaction des parties.

Ma propre expérience se fonde donc sur des cas litigieux, sur des expertises (privées ou judiciaires), et sur l'examen de dossiers lorsqu'un plaignant souhaite valider ou infirmer une impression subjective. Si un dossier de mobbing m'est confié, j'établis une chronologie générale (parcours professionnel et histoire personnelle du plaignant) et une chronologie particulière portant sur les événements fondant la plainte. J'examine les moyens de preuves apportés par le plaignant. Je vérifie l'identification faite par la victime des

© Groupe Eyrolles

présumés auteurs de mobbing et j'évalue l'hostilité des actes décrits comme malveillants (en fait et en droit). Je recherche l'existence d'une communication non éthique, d'un report de responsabilité sur la victime ainsi que la finalité du processus, c'est-à-dire l'exclusion de la cible d'un cercle de relations donné. Enfin, avec le plaignant, des hypothèses sont formulées quant aux motifs du mobbing. En cas d'expertise, les parties mises en cause donnent leur version, preuves à l'appui. Selon le type d'expertise confié, l'employeur et les témoins sont entendus. Le dossier est dès lors complet.

L'avocat, l'expert et le juge ont un avantage sur le médecin et le psychologue : ils ont accès à un dossier complet, preuves à l'appui. Une attestation médicale ne peut, et ne doit pas comporter le « diagnostic » de mobbing, mais uniquement l'anamnèse, le diagnostic médical, le traitement préconisé, ainsi que l'évolution de l'état de santé du patient. Elle peut, si le médecin le souhaite, contenir une réflexion sur le degré de compatibilité entre le diagnostic posé et les conséquences décrites en médecine en matière de mobbing. Une attestation médicale est établie en règle générale sur requête du patient, qui a préalablement libéré son médecin, son psychologue ou son psychiatre, totalement ou partiellement, du secret médical, pour qu'il soit produit en justice dans le but d'attester de son état de santé. Une attestation qui déclare que le patient est ou a été victime de mobbing est destinée à être contesté en justice, en mettant ainsi en péril les allégations de la victime, et peut constituer une faute professionnelle du praticien.

En règle générale, les statistiques en matière de mobbing proposées par divers auteurs se fondent sur le récit subjectif des plaignants et sur la récolte de données comme la description des actes hostiles. Ces statistiques devraient tenir compte d'une marge possible d'erreur due au risque de confusion avec d'autres situations. En revanche, elles sont indicatives, toutes situations confondues, de l'ampleur de la souffrance au travail et des coûts de santé pour le travailleur, l'employeur et la société en général (assurances, chômage, invalidité, assistance sociale).

En cas de procès, un juge est appelé à valider ou pas le diagnostic d'un avocat ou d'un expert. Il faut ici tenir compte de la marge d'erreur des décisions de justice pour des raisons multiples (absence de compétence, questions d'ordre politique ou social, lobbying des employeurs et travailleurs, réticences sociales ou personnelles). Il serait intéressant de comparer les décisions définitives de justice avec les dossiers soumis à son examen pour extrapoler une éventuelle marge d'erreur d'appréciation.

Je relève enfin une tendance (humaine) à exclure par instinct (et non par examen de dossier) du cercle des victimes des personnalités déroutantes ou à y inclure des non-victimes « sympathiques ». Ces concepts doivent être impérativement dissociés.

Mobbing *individuel et collectif*

Mes conseils sont sollicités pour l'essentiel en matière de contrat de travail. J'observe toutefois une augmentation des demandes de consultation liées à la sphère privée et en particulier à la vie matrimoniale.

Dans le domaine de l'environnement professionnel, le mobbing se produit autant dans le secteur public que dans le secteur privé. Les cas de figure les plus fréquents semblent être le mobbing individuel et le mobbing collectif induit. Dans la majorité de ces cas, l'auteur est un supérieur hiérarchique qui agit seul (mobbing individuel) ou allié à un certain entourage (subordonnés, et donc collègues de la victime, membres de la direction) qui soutient ses actes (par action ou par omission) ou qui permet que ceux-ci se déroulent sans encombres sous leurs yeux. Dans la majorité des cas, les « mobbeurs » agissent avec le soutien inconditionnel de la hiérarchie ou de l'employeur. Il m'a été impossible à ce jour de prouver qu'un « mobbeur » avait agi sur des instructions tacites ou expresses d'une direction ou d'un employeur. Toutefois, certains récits ou allusions laissent penser que ces situations se produisent bien. Le mobbing collectif d'entrée semble être relativement plus rare.

Dans les cas de mobbing individuel et collectif induit, les « mobbeurs » s'en prennent à des cibles variées (liste non exhaustive) pour des motifs divers :

▶ les *whistleblowers* ;

▶ les motifs de politique interne ou de jeux de pouvoir ;

▶ les harcelés sexuels et leurs témoins ;

▶ les collaborateurs surinvestis dans leur travail ;

▶ les collaborateurs s'opposant ou se rebellant contre des pratiques douteuses ou de maltraitance en entreprise ;

▶ les collaborateurs déjà fragilisés dans le privé (deuil, divorce, maladie) ;

▶ les collaborateurs âgés d'une cinquantaine d'années ;

▶ les collaborateurs ayant choisi la mauvaise alliance ;

▶ les collaborateurs dont la compétence fait ressortir les défaillances et les failles d'autrui ;

▶ les collaborateurs qui suscitent de la jalousie professionnelle ;

▶ les collaborateurs « je sais tout » qui indisposent leur entourage ;

▶ les collaborateurs pas assez formatés à l'esprit régnant dans l'entreprise ;

▶ les collaborateurs d'un nouveau supérieur hiérarchique voulant s'entourer de l'équipe de son choix ;

▶ les collaborateurs d'un supérieur hiérarchique voulant les remplacer par un nouveau venu ou par un amant ou une maîtresse.

Les caractéristiques et la nature de la victime permettent donc d'identifier les motifs du mobbing (peur et/ou intérêt).

Dans les cas de mobbing collectif d'entrée, on peut répertorier les cibles suivantes (liste non exhaustive) et donc les motifs de mobbing correspondants (peur et/ou intérêt) :

▶ les collaborateurs différents (formation, nationalité, religion, culture) par rapport à leur entourage ;

▶ les collaborateurs compétents et ceux suscitant de la jalousie professionnelle ;

▶ les collaborateurs souffrant de troubles de la personnalité ou ayant une conduite hors norme ;

▶ les collaborateurs « je sais tout », qui indisposent leur entourage.

Les « mobbeurs »

Je côtoie des « mobbeurs » lors d'expertises ou de leur témoignage en justice et il est difficile d'arrêter des observations fiables, puisqu'en général, ils nient même l'évidence. Pour l'essentiel, il semble (liste non exhaustive) qu'il s'agisse de :

▶ collaborateurs excessivement fidèles à ce que leur demande l'employeur ou à ce qu'ils pensent que ce dernier attend d'eux (projection) ;

▶ collaborateurs manquant d'estime de soi (vécu, histoire familiale), ambitieux et voulant réussir à tout prix, palliant leurs lacunes (formation, estime de soi, compétences) par l'arrogance, le « tout pouvoir » et ses corollaires ;

▶ collaborateurs se soumettant à l'autorité et prenant du pouvoir par le mobbing ;

▶ harceleurs sexuels ou autres structures de personnalité (pervers, managers cyniques, etc.) ;

▶ collaborateurs ambitieux et prêts à tout.

Dès que l'accusation de mobbing est formulée par leurs victimes, les « mobbeurs » se conduisent très souvent comme une victime outrée. En général, ils contre-attaquent avec agressivité (discrédit de la victime, etc.). D'autres deviennent invisibles. Les « mobbeurs » ne sont jamais dans le dialogue et sont souvent des récidivistes. S'agissant des actes hostiles, on observe les phénomènes suivants (listes non exhaustives).

La victime est un cadre et le « mobbeur » son supérieur hiérarchique (mobbing vertical)

Le « mobbeur » :

▶ le sépare physiquement de ses subordonnés et collaborateurs ;

▶ vide progressivement son cahier des charges de tout contenu ;

▶ le placardise ;

▶ conteste, ouvertement ou sournoisement, son pouvoir devant son équipe ;

▶ l'accuse de fautes inexistantes et empêche toute preuve du contraire ;

▶ ne lui fournit plus les informations ou les outils indispensables à son travail (par exemple sur les projets en cours, sur les réunions où il doit être présent) ;

▶ confie ses tâches à d'autres sans l'en informer préalablement et le met devant le fait accompli ;

▶ l'évalue arbitrairement.

La victime est un salarié et le « mobbeur » un supérieur hiérarchique (mobbing *vertical*)

Le « mobbeur » :

▶ l'accuse de fautes inexistantes et empêche toute preuve du contraire ;

▶ exagère l'impact de broutilles ou de fautes vénielles de façon disproportionnée ;

▶ menace de le licencier sous n'importe quel prétexte ;

▶ réclame son licenciement sous menace de démission ;

▶ prend à parti l'entourage et l'expose à des reproches publics ;

▶ lui donne pour instruction de réaliser des travaux déjà faits par d'autres ;

▶ nie le malaise ressenti par le collaborateur ;

▶ lui confie des tâches aberrantes ou inutiles ;

▶ l'isole physiquement de ses collègues (attribution d'une place de travail isolée, d'un bureau près des poubelles, etc.) ;

▶ le critique à son insu auprès de la hiérarchie ;

▶ répand des rumeurs à son insu ;

▶ lui rend difficile l'accès à ses outils de travail ;

▶ procède à des évaluations professionnelles arbitraires ;

▶ évalue ses résultats négativement par le biais de données faussées ;

▶ lui refuse primes, gratifications, rémunération d'heures supplémentaires ou vacances de façon injustifiée ;

▶ fixe des plannings horaires défavorables ;

▶ le rétrograde de façon injustifiée ;

▶ lui confie des tâches dégradantes en prenant à témoin l'entourage professionnel ;

▶ adopte une gestuelle de mépris ou emploie des propos désobligeants en tête à tête (le laisse debout, l'interrompt, se moque de lui) ;

▶ *idem* devant l'entourage professionnel ;

▶ lui refuse des formations ou des droits acquis de façon injustifiée ou arbitraire ;

▶ invoque le bien-être du collaborateur pour le priver de tâches et de compétences de façon injustifiée.

La victime est « mobbée » par des collègues (mobbing horizontal)

Le « mobbeur » :

▶ ne lui adresse plus la parole ;

▶ fait circuler des rumeurs à son insu ;

▶ l'ignore ;

▶ refuse qu'il se joigne au groupe lors d'invitations, de repas ou de pauses-café ;

▶ adopte une gestuelle de refus (lui tourne le dos) et de mépris ;

▶ critique son travail ;

▶ rend difficile ou sabote son travail ;

▶ sabote son ordinateur ;

▶ ne lui transmet pas les informations utiles (rendez-vous clients, messages, etc.) ;

▶ met en doute sa crédibilité auprès de la hiérarchie ;

▶ réclame son licenciement sous menace de démission ;

▶ dépose des excréments dans son sac ou dans ses affaires ;

▶ met près de son lieu de travail des posters au contenu désobligeant ;

▶ dépose un petit cercueil ou des objets effrayants (culte satanique, etc.) sur sa table de travail ;

▶ crève les pneus de sa voiture ;

▶ lui passe des appels téléphoniques anonymes au domicile privé ou sur le lieu de travail ;

▶ évite toute occasion de contact (change de trottoir, ne le salue pas, etc.).

Parmi les plaintes pour mobbing dont le diagnostic n'est pas confirmé, certaines situations font en réalité état d'importantes difficultés de communication entre les protagonistes. Relativement rares sont les plaintes (consciemment ?) opportunistes pour se défendre de reproches fondés (stratégie de contre-attaque) et celles utilitaires et inconscientes visant à occulter des lacunes inhérentes au plaignant. Encore plus rares sont les plaintes utilisées comme stratégie de mobbing.

Les réactions de la victime

L'affaire France Télécom a alerté l'opinion publique sur la problématique du suicide en entreprise. Cependant cette entreprise n'est pas la seule à être touchée par une telle réalité. Nombreux sont les faits divers portant sur des entreprises, quelle que soit leur nationalité, qui évoquent des cas de suicide liés à l'environnement professionnel. En Suisse, les statistiques sur les suicides ne précisent pas le pourcentage qui doit être attribué à des facteurs d'ordre professionnel. J'observe dans ma pratique que l'évocation de pensées suicidaires ou de projets suicidaires parmi les victimes de mobbing est très élevée. Il s'agit, à mon avis, d'un risque concret qui ne doit en aucun cas être banalisé.

Il existe pourtant une autre réaction possible de la victime, souvent occultée et dont on parle peu. La mauvaise prise en charge d'une situation de conflit ou de mobbing en entreprise exacerbe les sentiments d'injustice et de ressentiment éprouvés par un salarié mal écouté ou pas entendu. À plusieurs reprises, j'ai dû intervenir pour décourager des personnes en souffrance, le plus souvent de sexe masculin, à mettre en pratique des projets de vengeance par la violence. Sans ambages, certains décrivent leurs idéaux de meurtre de supérieurs ou de collègues, sur le lieu même qui est à l'origine de leur souffrance, le poste de travail. Cette franchise permet en général de désamorcer la bombe. Mais combien ne sont pas écoutés ? Tout acte violent perpétré sur le lieu de travail est le signal d'une situation professionnelle qui pose problème.

Ici encore, les faits divers qui font état de cette violence sont nombreux : ainsi, en janvier 2010, dans le canton de Zurich, un ouvrier licencié s'est rendu dans les bureaux de son entreprise et a tiré sur son supérieur hiérarchique et un collègue avant de mettre fin à ses jours ; en juillet 2004, un cadre de la Banque cantonale de Zurich a abattu deux de ses supérieurs hiérarchiques après un conflit de travail, puis s'est donné la mort ; en mars 1998, dans le canton de Genève, un employé qui venait de subir une baisse de salaire a abattu le directeur de son entreprise et blessé un collègue ; en avril 1986, le chef de la police des constructions de la Ville de Zurich a abattu quatre collaborateurs et en a blessé un cinquième. Dans le cadre des procédures pénales engagées contre les auteurs de telles infractions, si le fait que leurs victimes faisaient du mobbing est prouvé, cela offre des circonstances atténuantes aux auteurs. Sur le plan civil, en matière de réparation du préjudice causé à sa victime, cette conduite est imputée à cette dernière à titre de faute concomitante et de facteur de réduction de l'indemnité allouée.

Il est dès lors essentiel que les tensions en entreprises soient traitées par les moyens adéquats.

En pratique

En répondant aux questions de *France Soir* (Philippe Douroux, 2 février 2010), Laurent Zylberberg, directeur des relations sociales chez France Télécom, déclare : « *J'estime même [que] lorsqu'un de nos collaborateurs met fin à ses jours, peu importe qu'il mette ou non en cause sa hiérarchie ; dans tous les cas, je ne peux et je ne veux exclure, a priori, les conditions de travail comme une des raisons possibles de ce geste. Si quelqu'un accuse sa hiérarchie, l'important n'est pas que ce soit vrai ou non, mais qu'il le pense : cela veut dire qu'on a loupé quelque chose. C'est un drame pour sa famille, mais aussi pour l'entreprise.* »

Le rôle de l'employeur

S'agissant de la réaction des employeurs, mon expérience portant sur des cas où, par définition, les parties s'opposent, mieux vaut éviter de généraliser les observations suivantes à tous les employeurs.

On constate récemment une légère tendance à l'augmentation des négociations pour résoudre les litiges de travail. En revanche, dans les dossiers litigieux, j'observe une forte inactivité et passivité de l'employeur pendant le déroulement des événements. Une fois alerté, l'employeur nie souvent la situation ou apporte son soutien inconditionnel à l'auteur, qui n'est pratiquement jamais sanctionné. Toutefois, dans un certain nombre de cas, dès que les projecteurs se sont éteints sur l'affaire, l'employeur finit par licencier le « mobbeur », qui bénéficie toutefois bien souvent d'indemnités de départ.

Il ressort de mes dossiers un élément relativement récurrent. Après clôture d'une action en justice, quelle que soit son issue, et alors que l'employeur récalcitrant au dialogue a nié l'existence du mobbing (ou de toute autre situation de difficulté), il instaure dans l'entreprise des règlements anti-harcèlement ou des dispositifs de règlement de conflits. Souvent, ces dispositifs sont d'abord des dispositifs faisant office d'alibi ; ils entraînent donc la méfiance du personnel, puisqu'ils sont adoptés sur les conseils d'un avocat afin de combler des lacunes légales révélées par la procédure. Toutefois, avec le temps, l'employeur s'oriente parfois vers des dispositifs authentiques (mais pas encore toujours forcément efficaces).

Les employeurs rechignent encore quelque peu à s'informer sur ces problématiques, restent dans le déni ou réagissent avec agressivité. Cependant, les choses évoluent, oscillant entre négationnisme, déni, curiosité, agacement devant les obligations imposées par la loi et enfin une réelle bonne volonté.

J'ai un jour été interpellée par un ancien cadre à la retraite d'une grande multinationale : « *Maître, ne pensez-vous pas qu'il est illusoire de croire pouvoir éliminer le* mobbing *en entreprise ? Comment faire alors pour se débarrasser de quelqu'un s'il est interdit de faire du* mobbing *?* » J'ai apprécié ces propos pour plusieurs raisons. Tout d'abord, ils ont le mérite de la franchise. De plus, ils sont la preuve qu'au-delà du négationnisme, les managers savent parfaitement de quoi il en retourne. Enfin, lorsque le mal est dit, il est possible d'engager enfin une réflexion sur la solution.

Ainsi, je lui ai répondu que s'ils estimaient indispensable de se « débarrasser » de quelqu'un, ils pouvaient s'en référer au droit, qui se fonde en Suisse sur le principe de la liberté de licenciement (dont les limites sont le congé abusif et le licenciement avec effet immédiat injustifié). Il semble préférable pour l'employeur de licencier un collaborateur et assumer le risque d'un congé abusif, plutôt que de s'en débarrasser par du mobbing en portant gravement atteinte au passage à ses espoirs pour l'avenir, à son équilibre physique et psychique, à sa confiance en soi, à ses liens sociaux, etc.

Bien que ma position puisse paraître un brin désabusée, à force d'expérience, je crois qu'il vaut mieux être victime d'un licenciement qui n'entame pas trop l'avenir économique du licencié que d'être victime de mobbing, même en obtenant gain de cause en justice, puisque le prix à payer demeure un chemin long et douloureux.

En pratique

Lorsqu'un salarié fait usage de son droit d'alerte et informe l'employeur qu'il pense être victime de mobbing ou d'une autre situation attentatoire, l'employeur doit établir les faits. Il peut le faire par voie interne, en confiant à une entité interne le soin de conduire une enquête, ou par voie externe, en sollicitant un expert externe. En cas de risque d'atteinte à la santé, l'art. 4 de l'ordonnance 3 relative à la loi fédérale suisse sur le travail (LTr) prévoit que l'inspecteur du travail puisse demander à l'employeur de présenter un rapport d'expertise technique.

L'employeur doit faire preuve d'impartialité. En effet, en considérant qu'il était inadéquat (violation du devoir de diligence de l'employeur) que l'employeur puisse confier aux membres d'une direction qui faisaient l'objet de critiques de la part de l'employée le soin d'ouvrir une enquête pour vérifier l'existence d'un cas de harcèlement sexuel, le Tribunal fédéral suisse a jeté les bases pour l'application des notions d'impartialité de l'employeur et du droit d'être entendu du travailleur dans le cadre du contrat de travail de droit privé (ATF 126 III 395, consid. 7 c).

En pratique, il s'agit de :

– Recueillir la version de la personne plaignante et ses moyens de preuve (documents, témoins, réquisitions). Établir un procès-verbal signé. Rappeler au salarié son devoir de fidélité et donc de collaboration.

– Recueillir la version de la ou des personnes mises en cause et leurs moyens de preuve (documents, témoignages, réquisitions). Établir un procès-verbal signé. Rappeler au salarié son devoir de fidélité et donc de collaboration.

.../...

…/…

– Entendre les témoins. Établir des procès-verbaux signés. Leur rappeler leur devoir de fidélité et donc de collaboration.

– Mettre en perspective tous les éléments recueillis.

– Garder à l'esprit plusieurs facteurs qui peuvent venir perturber le bon déroulement de l'enquête et les relever dans le rapport d'expertise. Réticence des témoins de peur de perdre à leur tour leur emploi en raison de la conduite abusive de leur supérieure hiérarchique (arrêt du Tribunal fédéral suisse, 1C_418/2008 du 27 mai 2009). Soustraction d'information. Falsification de documents. Mensonges. Stratégies d'évitement. Il faut rester vigilant et attentif à la conduite adoptée par les diverses personnes sollicitées (témoins, employeur, plaignant, personnes mises en cause) durant l'enquête.

– Établir une chronologie des actes qui ont pu être prouvés (par pièces ou témoignages concordants).

– Examiner la nature des actes et déterminer leur hostilité (critiques injustifiées, brimades, violation de règles d'entreprise, de la loi, des normes d'éthique, discrédit, rumeurs, etc.).

– Examiner la présence de communication non éthique et de report de responsabilité sur la victime.

– Établir la finalité recherchée par le ou les auteurs (mise à l'écart, isolement, menaces de licenciement, évocation de licenciement ou de transferts injustifiés, requête de licenciement auprès des RH ou de la direction ; volonté exprimée auprès de tiers de licencier ou de se débarrasser du collaborateur, etc.).

– Conclure.

– Respecter le droit d'accès au dossier ainsi constitué autant de la personne plaignante que de la ou des personnes mises en cause en mettant à leur disposition les résultats de l'enquête.

CHAPITRE 5

Mobbing et employeur : droits et obligations

Quatre obligations

Simplifier et résumer une vaste matière est nécessairement réducteur. Notre ambition dans cet ouvrage se limite à proposer une première orientation à l'employeur, en lui rappelant qu'il doit s'attacher, en cas de besoin, les compétences d'experts.

Le mobbing, comme toute autre forme de harcèlement psychologique et sexuel d'ailleurs, est une atteinte illicite à la personnalité de la victime[1]. Ses effets sur la santé physique et psychique de cette dernière peuvent être graves.

Les liens unissant un employeur à son travailleur peuvent être soumis au droit public (fonctionnaire, contrat de droit administratif) ou au droit privé. Dans un cas concret, il importe en premier lieu de clarifier la nature de ces liens, puisque les contextes juridiques diffèrent (règles de droit public et procédure administrative ou règles de droit privé et procédure civile), et peuvent se complexifier, en particulier dans le cadre des relations de travail régies par le droit public.

---

1. ATF 2C.2/2000, cons. 2.2. : « *L'acte illicite se définit comme un acte ou une omission objectivement contraire à une règle de droit écrit ou non écrit et qui porte atteinte soit à un droit absolu du lésé, soit à son patrimoine.* »

Dans ce domaine, en Suisse, il faut se référer aux lois et règlements sur le personnel au niveau fédéral, cantonal et communal. Une majorité d'entités de droit public a adopté des normes destinées à protéger son personnel du harcèlement sexuel et psychologique. Dans le cadre de celles-ci, soit il est renvoyé expressément ou par lacune à l'art. 328 du Code suisse des obligations, octroyant ainsi à ces normes une portée identique, soit il a été adopté une codification *ad hoc* qui comporte une définition de harcèlement psychologique ou de mobbing. D'un autre côté, aucune disposition spécifique ne protège le travailleur « senior » en entreprise, dans le cadre des relations de travail[1]. Il faut alors se référer plus généralement aux normes applicables en matière de protection de la personnalité du travailleur et de protection contre le licenciement.

La France, en revanche, a adopté des normes spécifiques en matière de harcèlement moral et sexuel à un niveau national, comme nous le verrons ci-après. Ces normes sont étendues expressément, conformément à l'article L. 4121-2 du Code du travail, aux salariés âgés (article 10.1.1, Accord du 4 décembre 2009 relatif à l'emploi des salariés âgés).

Un ouvrage complet serait nécessaire pour exposer en détail le contenu, la portée et l'interprétation par la jurisprudence des normes applicables, ce qui n'est pas notre propos. Il semble possible, en revanche, de dessiner un tronc commun des obligations incombant à l'employeur de droit public ou de droit privé pour protéger la personnalité de son travailleur, par la formulation de quatre messages. L'employeur est tenu en effet de *respecter* et de *protéger*, dans les rapports de travail, la personnalité de son travailleur. Pour atteindre cet objectif, il doit :

- savoir ;
- adopter des mesures ;
- comprendre ;
- résoudre.

Ces quatre messages esquissent l'étendue des obligations incombant à l'employeur. Une application scrupuleuse de leur contenu constitue, à

1. Dans le cadre des relations de travail régies par le droit public, il y a lieu de garder à l'esprit l'article 8 de la Constitution fédérale suisse qui dispose que « *nul ne doit subir de discrimination du fait notamment* [...] *de son âge* ».

mon sens, une bonne politique de gestion du personnel soucieuse de la protection de la personnalité de chacun tant en termes de prévention que pour assurer la cessation d'atteinte.

Le droit français

Afin de connaître les normes légales auxquelles il doit se référer, le travailleur doit en premier lieu veiller à clarifier le lien qui le lie à son employeur. Les régimes applicables diffèrent en effet s'il s'agit de la fonction publique (voir également la diversité des statuts existants) ou du secteur privé, chaque régime présentant ses particularités et difficultés.

Pour ce qui est du secteur privé, la France s'est dotée de dispositions spécifiques en matière de harcèlement moral adoptées dans le Code du travail (L. 1152-1, anciennement art. L. 122-49).

Pour ce qui est de la fonction publique, la loi du 13 juillet 1983 portant droits et obligations des fonctionnaires a été complétée d'un article 6 quinquies qui reprend, à quelques différences près, le dispositif du Code du travail. Toutefois, toutes les dispositions prévues pour le secteur privé n'ont pas été transposées dans la fonction publique. De plus, la diversité des statuts est source de complexité. Ainsi, alors que la loi sur le harcèlement moral s'applique aux trois fonctions publiques (d'État, territoriale et hospitalière) et indifféremment aux fonctionnaires titulaires et aux agents qui ne le sont pas encore, de nombreux fonctionnaires (comme les militaires, les magistrats de l'ordre judiciaire et d'autres agents) ne bénéficient pas de sa protection.

À SAVOIR

Les dispositions utiles du Code du travail :
PARTIE LÉGISLATIVE NOUVELLE
PREMIÈRE PARTIE : LES RELATIONS INDIVIDUELLES DE TRAVAIL
LIVRE 1er : DISPOSITIONS PRÉLIMINAIRES
TITRE V : HARCÈLEMENTS
Chapitre 1er : Champ d'application (art. L. 1151-1)
Chapitre II : Harcèlement moral (art. L. 1151-1 à L. 1152-6)

.../...

...·/...

L'article L. 1152-1 (anciennement art. L. 122-49 al. 1) du Code du travail (Titre V, Harcèlements) dispose qu'« *aucun salarié ne doit subir les agissements répétés de harcèlement moral qui ont pour objet ou pour effet une dégradation des conditions de travail susceptible de porter atteinte à ses droits et à sa dignité, d'altérer sa santé physique ou mentale ou de compromettre son avenir professionnel. [...]*[1] ».

Ce texte, en absence de dispositions prévoyant une rétroactivité, ne s'applique pas à des faits antérieurs à la loi du 17 janvier 2002 l'ayant instauré (Cass. soc. 15 fév. 2006, n° 04-43.114 ; 18 oct. 2006, n° 04-47.332).

Le harcèlement moral se caractérise ainsi par trois éléments essentiels : la dégradation des conditions de travail ; l'existence d'un comportement répétitif ; la preuve d'un dommage réel. Le Conseil constitutionnel a retenu, dans sa décision du 12 janvier 2002 (Cons. const., 12.01.2002 n° 2001-455, DC, *JO* 18 janv. 2002) que l'article L. 1152 vise à protéger les droits de la personne au travail tels qu'ils sont énoncés dans l'article L. 1121-1 du Code du travail (anciennement L. 120-2). Un seul acte n'est pas constitutif de harcèlement.

EN PRATIQUE

A été retenu comme un cas de harcèlement moral celui d'un salarié qui avait fait l'objet d'un retrait sans motif de son téléphone portable à usage professionnel, de l'instauration d'une obligation nouvelle et sans justification de se présenter tous les matins au bureau de sa supérieure hiérarchique, ces faits étant générateurs d'un état dépressif médicalement constaté nécessitant des arrêts de travail (Cass. soc., 27 oct. 2004, n° 04-41.008).

En droit français, l'employeur a une obligation générale de préservation de la santé mentale et physique des salariés de son entreprise

---

1. Inséré par la loi n° 2002-73 du 17 janv. 2002, art. 169 I, *Journal officiel* du 18 janv. 2002.

(art. L. 4121-1, anciennement art. L. 230-2, I du Code du travail), renforcée par l'obligation spéciale de prévention du harcèlement, sexuel (art. L. 1153-1 et suivants du Code du travail, anciennement art. L. 122-46) et moral (art. L. 1152-1 et suivants du Code du travail).

Pour atteindre ces objectifs, les quatre messages présentés plus haut – savoir, adopter des mesures, comprendre, résoudre – peuvent être lus par tout employeur, indifféremment de sa nationalité. Un chef d'entreprise a l'obligation d'agir en prévention et de mettre donc en œuvre des mesures pour éviter les risques et les combattre à la source, planifier la prévention en y intégrant l'organisation du travail, les conditions de travail et les relations sociales, en donnant les instructions appropriées aux collaborateurs.

Il est d'autant plus important de bien comprendre ces messages que la jurisprudence française retient la responsabilité sans faute de l'employeur. Ainsi, selon la Cour de cassation (Cass. soc. 21 juin 2006, n° 05-43.914 et n° 05-43.919), l'employeur est responsable, même sans faute. La loi impose à l'employeur de prévenir le harcèlement moral dans son entreprise et de sanctionner les auteurs de ces actes. Elle a donc instauré une obligation de résultat.

EN PRATIQUE

Dans cette décision, le directeur d'une association est reconnu coupable de harcèlement moral envers un subordonné. En justice, ce dernier réclame des dommages et intérêts à la fois à l'auteur du harcèlement (le directeur) et à son employeur (l'association). L'association conteste sa responsabilité, car elle n'a commis aucune faute (elle a d'ailleurs déchargé ce directeur de ses fonctions d'encadrement, puis l'a licencié). Les juges condamnent pourtant l'association : l'employeur est tenu d'une obligation de sécurité de résultat en matière de protection de la santé et de la sécurité des travailleurs dans l'entreprise, notamment en matière de harcèlement moral[1]. L'absence de faute de sa part ne peut l'exonérer de sa responsabilité. À celle-ci s'ajoute la responsabilité personnelle du harceleur (Cass. soc. 21 juin 2006, n°s 05-43.914 et 05-43.919).

---

1. En droit suisse en revanche, demeure une controverse en doctrine pour savoir si cette même obligation est une obligation de moyens ou de résultat.

> **À SAVOIR**
>
> Jusqu'en 2002, la Cour de cassation considérait que la responsabilité de l'employeur ne pouvait être engagée qu'en cas de faute d'une exceptionnelle gravité dérivant d'un acte ou d'une omission volontaire, de la conscience du danger que devait avoir son auteur et de l'absence de toute cause justificative. Ces critères étaient cumulatifs. Prenant appui sur l'article 1147 du Code civil relatif à la responsabilité contractuelle et sur les dispositions des articles L. 4121-1 et suivants (anciennement art. L. 230-2) du Code du travail, la Cour de cassation, par les arrêts « Amiante » du 28 février 2002 (Cass. soc., 28 fév. 2002, 29 arrêts, RJS, 2002, n° 81), a défini, d'une part une obligation générale de sécurité de l'employeur, et d'autre part, considéré qu'il s'agissait d'une obligation de résultat et non de moyen.

D'autres éléments du droit français soulèvent l'intérêt. Ainsi, le salarié qui dénonce des discriminations ou un harcèlement, ou qui en témoigne, est protégé par l'interdiction de sanctions, de mesures discriminatoires ou de licenciement. Ainsi, l'article L. 1152-2 (anciennement art. L. 122-49) du Code du travail préconise-t-il que : « *Aucun salarié ne peut être sanctionné, licencié ou faire l'objet d'une mesure discriminatoire, directe ou indirecte, notamment en matière de rémunération, de formation, de reclassement, d'affectation, de qualification, de classification, de promotion professionnelle, de mutation ou de renouvellement de contrat pour avoir subi, ou refusé de subir, les agissements définis à l'alinéa précédent ou pour avoir témoigné de tels agissement ou les avoir relatés.* » L'article L. 1152-3 prévoit que : « *Toute rupture du contrat de travail intervenue en méconnaissance des dispositions des articles L. 1152-1 et L. 1152-2, toute disposition ou tout acte contraire est nul.* »

Le Code du travail a également adopté des dispositions pénales, dont en particulier l'article L. 1155-2 (anciennement art. L. 152-1-1) qui dispose que « les *faits de harcèlement moral et sexuel, définis aux articles L. 1152-1 et L. 1153-1, sont punis d'un emprisonnement d'un an et d'une amende de 15 000 euros* ». À cette norme s'ajoute celle du Code pénal (art. 222-33-2, Partie législative, livre II, titre II, chapitre II, section 3 bis : du harcèlement moral) à l'encontre des auteurs de harcèlement : « *Le fait de harceler autrui par des agissements répétés ayant pour objet ou pour effet une dégradation des conditions de travail susceptibles de porter atteinte à ses droits et à sa dignité, d'altérer sa santé physique ou mentale ou de compromettre son avenir professionnel, est puni d'un an d'emprisonnement et de 15 000 euros d'amende.* » Une peine identique est prévue en matière de harcèlement sexuel (article 222-33 du Code pénal).

En outre, l'article L. 1154-1 (anciennement art. L. 122-52) du Code du travail prévoit un certain partage du fardeau de la preuve – et non un renversement de la charge de la preuve, – entre demandeur et défendeur, ainsi qu'un pouvoir accru du juge : « *Lorsque survient un litige relatif à l'application des articles L. 1152-1 à L. 1152-3 et L. 1153-1 à L. 1153-4, le candidat à un emploi, à un stage ou à une période de formation en entreprise ou le salarié établit des faits qui permettent de présumer l'existence d'un harcèlement. Au vu de ces éléments, il incombe à la partie défenderesse de prouver que ces agissements ne sont pas constitutifs d'un tel harcèlement et que sa décision est justifiée par des éléments objectifs étrangers à tout harcèlement. Le juge forme sa conviction après avoir ordonné, en cas de besoin, toutes les mesures d'instruction qu'il estime utiles.* » Se pose en revanche ici la question de savoir contre qui agir en justice lorsque l'employeur n'est pas le harceleur, lequel devra donc être cité en justice aux côtés de l'employeur.

Enfin, citons le rôle des syndicats. L'article L. 1154-2 du Code du travail prévoit en effet que « *les organisations syndicales représentatives dans l'entreprise peuvent exercer en justice toutes les actions résultant des articles L. 1152-1 à L. 1152-3 et L. 1153-1 à L. 1153-4. Elles peuvent exercer ces actions en faveur d'un salarié de l'entreprise dans les conditions prévues par l'article L. 1154-1, sous réserve de justifier d'un accord écrit de l'intéressé. L'intéressé peut toujours intervenir à l'instance engagée par le syndicat et y mettre fin à tout moment* ».

La jurisprudence est appelée à clarifier l'application de ces dispositions et à trancher les nombreuses questions qui restent ouvertes[1]. Une question intéressante est celle de savoir si des pratiques de management peuvent constituer, compte tenu de leur caractère répétitif, une forme de harcèlement moral dès lors qu'elles sont de

---

1. Voir à ce sujet Martinel, A., conseiller référendaire à la chambre sociale de la Cour de cassation, 2008, pp. 5-9.

nature à porter atteinte aux droits et à la dignité des salariés. Un arrêt de la 21ᵉ chambre C de la cour d'appel de Paris a admis ce cas de figure (CA Paris, 21ᵉ ch. C, 11 oct. 2007).

À SAVOIR

Les dispositions législatives et réglementaires relatives à la prévention des risques d'atteinte à la santé mentale liés au travail, à l'obligation de procéder à leur évaluation et de prendre des mesures visant à les éviter ou à en limiter les effets sont fixées par les articles L. 4121-1, L. 4121-2 et L. 4121-3, R. 4121-1 et R. 4121-2 du Code du travail (quatrième partie, Santé et sécurité au travail, obligations de l'employeur) prévoient :

Article L. 4121-1 - L'employeur prend les mesures nécessaires pour assurer la sécurité et protéger la santé physique et mentale des travailleurs.

Ces mesures comprennent : des actions de prévention des risques professionnels ; des actions d'information et de formation ; la mise en place d'une organisation et de moyens adaptés. L'employeur veille à l'adaptation de ces mesures pour tenir compte du changement des circonstances et tendre à l'amélioration des situations existantes. [anciennement art. L. 230-2, I]

Article L. 4121-2 - L'employeur met en œuvre les mesures prévues à l'article L. 4121-1 sur le fondement des principes généraux de prévention suivants :

éviter les risques ; évaluer les risques qui ne peuvent pas être évités ; combattre les risques à la source ; adapter le travail à l'homme, en particulier en ce qui concerne la conception des postes de travail ainsi que le choix des équipements de travail et des méthodes de travail et de production, en vue notamment de limiter le travail monotone et le travail cadencé et de réduire les effets de ceux-ci sur la santé ; tenir compte de l'état d'évolution de la technique ; remplacer ce qui est dangereux par ce qui n'est pas dangereux ou par ce qui est moins dangereux ; planifier la prévention en y intégrant, dans un ensemble cohérent, la technique, l'organisation du travail, les conditions de travail, les relations sociales et l'influence des facteurs ambiants, notamment les risques liés au harcèlement moral tel que défini à l'article L. 1152-1 ; prendre des mesures de protection collective en leur donnant la priorité sur les mesures de protection individuelle ; donner les instructions appropriées aux travailleurs. [anciennement art. L. 230-2, II]

.../...

.../...

Article L. 4121-3 - L'employeur, compte tenu de la nature des activités de l'établissement, évalue les risques pour la santé et la sécurité des travailleurs, y compris dans le choix des procédés de fabrication, des équipements de travail, des substances ou préparations chimiques, dans le réaménagement des lieux de travail ou des installations et dans la définition des postes de travail. À la suite de cette évaluation, l'employeur met en œuvre les actions de prévention ainsi que les méthodes de travail et de production garantissant un meilleur niveau de protection de la santé et de la sécurité des travailleurs. Il intègre ces actions et ces méthodes dans l'ensemble des activités de l'établissement et à tous les niveaux de l'encadrement. [anciennement art. L. 230-2-, III al. 2]

Article R. 4121-1 - L'employeur transcrit et met à jour dans un document unique les résultats de l'évaluation des risques pour la santé et la sécurité des travailleurs à laquelle il procède en application de l'article L. 4121-3. Cette évaluation comporte un inventaire des risques identifiés dans chaque unité de travail de l'entreprise ou de l'établissement, y compris ceux liés aux ambiances thermiques.

Article R. 4121-2 - La mise à jour du document unique d'évaluation des risques est réalisée : au moins chaque année ; lors de toute décision d'aménagement important modifiant les conditions de santé et de sécurité ou les conditions de travail, au sens de l'article L. 4612-8 ; lorsqu'une information supplémentaire intéressant l'évaluation d'un risque dans une unité de travail est recueillie.

Article L. 4122-2 - Les mesures prises en matière de santé et de sécurité au travail ne doivent entraîner aucune charge financière pour les travailleurs. [anciennement art. L. 230-3, L. 122-34, al. 2, phrase 2 et L. 230-4]

Le droit suisse

Nous nous référons ici au droit suisse, mais les quatre messages développés ci-dessous – savoir, adopter des mesures, comprendre, résoudre – offrent non seulement une base commune à tous les régimes de droit mais peuvent être lus avec intérêt par tout employeur, indépendamment de sa nationalité.

Savoir

▶ Connaître

L'employeur doit, en tout premier lieu, *savoir*. Méconnue et sous-estimée par l'employeur, cette première obligation est pourtant la pierre fondatrice de tout l'édifice. Savoir implique de *connaître* ses droits et ses obligations, ce qui demeure un devoir, dont l'étendue est considérable et impérative.

L'employeur doit tout savoir. D'une part, en droit, il doit connaître les dispositions qui s'appliquent en matière de respect et de protection de la personnalité de ses employés et l'étendue de leur contenu qui consacre un devoir général d'assistance. D'autre part, dans les faits, il doit savoir non seulement ce qu'est le mobbing (sa définition et ses mécanismes), mais également toutes les autres situations (relations conflictuelles, abus de pouvoir, gestion du personnel non respectueuse, harcèlement-perversion, harcèlement sexuel, etc.) pouvant porter atteinte « *aux biens personnels de son travailleur qui sont inséparables de son être physique et moral et de sa qualité de membre de la société*[1] ». Il doit donc savoir quels biens de son travailleur sont protégés (entre autres, la vie, l'intégrité corporelle et morale, l'honneur personnel, sexuel et professionnel, la situation et la considération dans l'entreprise, la sphère secrète [tout ce qui relève de l'intimité de la personne et que celle-ci entend partager avec un cercle très restreint de personnes de son entourage] de la personne, etc.), et quelles sont les circonstances pouvant mettre en péril ces biens. Il doit connaître les cas de figure pouvant se présenter à lui et savoir les différencier afin de pouvoir bien protéger. En effet, il est tenu de faire tout le nécessaire pour respecter et protéger la personnalité de son travailleur, en adoptant des mesures de prévention, voire en cessation d'atteinte, appropriées. Pour être adéquates, ces mesures doivent être efficaces. L'employeur doit savoir enfin que s'il adopte des mesures inadéquates, il sera appelé à répondre de leur inadéquation devant un Tribunal pour réparer le préjudice subi par son travailleur.

---

1. Feuille fédérale suisse (FF) 1967, II p. 249 et suivantes (ad art. 328 CO, p. 352 et suivantes).

> **À SAVOIR**
>
> L'article 328 du Code des obligations suisse dispose que :
> Al. 1 - L'employeur protège et respecte, dans les rapports de travail, la personnalité du travailleur ; il manifeste les égards voulus pour sa santé et veille au maintien de la moralité. En particulier, il veille à ce que les travailleurs ne soient pas harcelés sexuellement et qu'ils ne soient pas, le cas échéant, désavantagés en raison de tels actes.
> Al. 2 - Il prend, pour protéger la vie, la santé et l'intégrité personnelle du travailleur, les mesures commandées par l'expérience, applicables en l'état de la technique, et adaptées aux conditions de l'exploitation ou du ménage, dans la mesure où les rapports de travail et la nature du travail permettent équitablement de l'exiger de lui.

▶ *S'informer et se former*

Pour connaître, l'employeur doit *s'informer* et *se former*. Pour cela, il doit se documenter et, si besoin est, faire appel aux spécialistes du domaine concerné (juristes, médecins du travail, psychologues du travail, médiateurs). La loi suisse sur le travail (LTr)[1] prévoit en particulier que l'employeur recoure à des compétences spécifiques conformément à la Directive MSST (Médecins du travail et autres Spécialistes de la Sécurité au Travail)[2].

L'obligation de se former est consacrée par l'article 328 du Code suisse des obligations, norme du contrat de travail de droit privé (art. 319 et suivants du Code des obligations), applicable bien souvent par analogie en cas de lacune ou par renvoi dans les relations de travail régies par le droit public[3], et par les articles 6 LTr et 2 OLT III, dispositions de droit public s'appliquant (sauf à quelques exceptions) à tout employeur, qu'il soit de droit privé ou public.

---

1. *Commentaire Staempfli*, Geiser, T., von Kaenel, A., Wyler, R. (éditeurs), Berne, 2005. Voir également Bureau International du Travail (BIT), Conférence internationale du travail, 95ᵉ session, « *Inspection du Travail* », Genève, 2006.
2. Art. 11a de l'Ordonnance sur la prévention des accidents et maladies professionnelles du 19 déc. 1983 (OPA, RS 832.30).
3. Pour les relations de travail régies par le droit public il faut se référer à l'art. 10 de la Constitution fédérale suisse.

Adopter des mesures

▶ *Faire et ne pas faire*

Le respect et la protection de la personnalité de son collaborateur imposent à l'employeur un double devoir de faire et de ne pas faire, c'est-à-dire de s'abstenir directement de toute atteinte non justifiée par le contrat de travail, et d'agir pour protéger son collaborateur en prévenant et ou en faisant cesser toute atteinte de la part de supérieurs, de collaborateurs, de tiers ou de membres de sa famille, atteintes pour lesquelles il engage sa responsabilité contractuelle et légale[1].

L'obligation de l'adoption de mesures appropriées trouve sa limite dans l'état de la technique et l'investissement financier que l'on peut raisonnablement attendre de l'entreprise. Ces mesures peuvent dépendre de la taille et de la puissance économique de l'entreprise, les exigences demeurant toutefois proportionnelles à l'importance du bien qui doit être protégé, sachant que la protection de la vie et la santé ne souffre aucune négligence.

EN PRATIQUE

À titre d'exemple, l'employeur doit :
– veiller à adopter une gestion d'entreprise respectueuse et former dans ce sens ses responsables des ressources humaines ;
– adopter des dispositifs d'écoute (personnes ou réseaux de confiance, internes et externes) ;
– informer les collaborateurs de l'existence des mesures adoptées ainsi que des moyens d'y accéder ;
– s'assurer qu'ils (art. 6 OLT III) adoptent bien ces mesures.

Puisque les bénéfices de l'entreprise profitent à l'employeur, ce dernier doit donc en supporter entièrement les risques, aucun report desdits risques sur le collaborateur n'étant toléré. L'employeur a le devoir de gérer son entreprise de façon appropriée[2]. De plus,

---

1. Voir aussi Dunand, J.-P., 2006 a, p. 31 à 33.
2. ATF 125 III 70.

l'art. 328 du Code des obligations (ainsi que les dispositions analogues en droit public) est une disposition semi-impérative à laquelle il ne peut être dérogé au détriment de l'employé. Son corollaire est que ce dernier ne peut renoncer à la protection de sa personnalité. Ces postulats impliquent que le collaborateur n'a en principe aucune obligation d'informer l'employeur d'une éventuelle atteinte en cours. C'est à l'employeur de veiller à surveiller la vie de son entreprise. La vie et la santé étant les biens les plus fortement protégés en droit, le silence du travailleur ne peut ainsi pas être interprété comme un consentement à l'atteinte (art. 328 du Code des obligations/art. 27 du Code civil). Ce consentement ne peut d'ailleurs en aucun cas être recueilli[1].

▶ *Instruire*

Le moyen le plus simple et le plus adapté aux capacités économiques de toute entreprise demeure l'instruction. Instruire constitue ainsi un devoir et un pouvoir de l'employeur.

Ce pouvoir est consacré dans tous les régimes applicables, comme par l'article 321d du Code des obligations, du contrat de travail de droit privé. La limite dudit pouvoir est l'atteinte à la personnalité du travailleur et son corollaire est le devoir d'obéissance de ce dernier, par la diligence et la fidélité qu'il est tenu d'observer à l'égard de son employeur (art. 321a du Code des obligations).

Non seulement le contrat de travail oblige le collaborateur à seconder l'employeur en matière de respect de la personnalité des autres employés en entreprise, mais la loi (art. 6 al. 3 LTr, art. 60 LTr) lui impose également de collaborer pour protéger la vie et la santé de collègues, subordonnés et supérieurs. Ces effets découlent également des dispositions générales en matière de protection de la personnalité, à savoir les articles 27 et 28 du Code civil suisse, qui consacrent le principe de l'illicéité de toute atteinte aux biens de la personnalité, droits absolus par définition (*erga omnes*). Ainsi, le travailleur est-t-il lui aussi tenu par une double obligation contractuelle et légale de faire et de ne pas faire.

---

1. ATF 4C.161/2000 (28 juil. 2000).

L'employeur doit et peut ainsi instruire son travailleur préventive-
ment en lui interdisant de procéder à toute atteinte, de quelque
nature que ce soit, aux biens de la personnalité des personnes
l'entourant dans le cadre du contrat de travail, et en lui ordonnant
l'arrêt immédiat de toute conduite attentatoire en cours.

Qui plus est, nous avons vu dans cet ouvrage que faire du mobbing mobilise l'énergie du « mobbeur ». Or, sur le lieu de travail, le
salarié, peu importe son statut ou son rang, doit se consacrer à
l'exécution de sa prestation contractuelle ou à son temps de repos.
Ne pas faire du mobbing, et s'abstenir d'ailleurs de toute conduite
attentatoire à l'encontre de collègues, subordonnés, supérieurs ou
tiers, fait ainsi partie intégrante de son cahier des charges. Toute
conduite contraire constitue une inexécution ou une exécution
défectueuse de ses obligations contractuelles à l'encontre de son
employeur.

Le contrat de travail ne présente pas seulement un échange de prestations, mais crée aussi un lien de communauté qui lie l'employeur
bien sûr, mais également le collaborateur. Toutefois, instruire est
insuffisant. L'employeur est aussi tenu de *surveiller*. Il doit donc
assurer par une surveillance appropriée que ses instructions sont
appliquées et respectées, en commandant, en contrôlant et en corri-
geant, si besoin est, constamment ses instructions.

Comprendre

Un cas concret d'atteinte constaté en entreprise signifie l'échec des
mesures de prévention, en raison de leur inexistence ou de leur
insuffisance. L'employeur doit alors intervenir sans délai pour faire
cesser l'atteinte en cours. Pour atteindre cet objectif, il doit être en
mesure de *comprendre* la nature des événements survenus et leurs
enjeux.

L'employeur diligent, qui s'est préalablement informé, sait désormais que le mobbing se définit, comme nous l'avons vu plus haut,
comme « *une répétition (harcèlement) d'actes hostiles par un ou des
auteurs tendant à isoler, marginaliser, éloigner ou exclure la victime d'un
cercle de relations données, voire à la neutraliser* ». Il sait également que
ce phénomène se caractérise par une communication non éthique et

un déplacement de responsabilité sans aucun sens critique sur la victime par le « mobbeur ».

Il sait également que le mobbing n'est pas la seule forme de harcèlement existante (« harcèlement-perversion », « harcèlement-manipulation », harcèlement sexuel), ni la seule situation attentatoire faisant appel à une répétition d'actes ; d'autres existent, comme les cas de bouc émissaire ou de souffre-douleur.

Il sait enfin que ces situations se différencient par leur définition et par leur finalité, le mobbing visant l'exclusion de la victime d'un cercle de relations données (collègues, service, département ou entreprise), le « harcèlement-perversion » ayant pour but le plaisir du harceleur, le harcèlement sexuel, l'obtention de faveurs sexuelles de la part de la victime, etc.

Pour *comprendre* efficacement, l'employeur doit ainsi en tout premier lieu vérifier au moyen d'une procédure objective et impartiale les faits dont il a appris l'existence ou qui lui sont exposés par la personne lésée. Confier cette procédure à des ressources internes à l'entreprise ne met pas l'employeur à l'abri d'éventuelles critiques de partialité par l'une ou l'autre des parties en cause, c'est-à-dire le harceleur ou la victime présumés.

La loi sur le travail prévoit l'outil de l'expertise technique (art. 4 OLT III), confiée à un expert externe et indépendant, dont les frais sont obligatoirement à la charge de l'employeur.

Résoudre

Une fois la nature de la situation illicite comprise, l'employeur est appelé à la résoudre. De la rapidité et de l'efficacité de son intervention dépendra l'étendue du préjudice (dommages et tort moral) subi par son collaborateur et donc l'étendue de son devoir de réparation.

L'employeur diligent sait que les mesures en cessation d'atteinte sont spécifiques à chaque situation rencontrée, comme il sait que l'on ne soigne pas de la même manière un rhume, une grippe ou une pneumonie. Ainsi, en cas de relations conflictuelles entre travailleurs, l'employeur doit prendre toutes les mesures que l'on peut attendre de lui pour désamorcer le conflit[1]. Une telle situation peut

---

1. ATF 4C.274/2002, consid. 2.1 ; ATF 125 III 70, consid. 2c, p. 74.

être efficacement résolue par une médiation entre protagonistes suivie d'instructions, alors qu'appliqué à un cas de mobbing, ce même outil non seulement ne constitue pas une mesure adéquate pour mettre fin au processus en cours, mais constitue de surcroît une mesure dangereuse, puisque instrumentalisée en règle générale par l'auteur au détriment de la victime, en amplifiant ainsi son préjudice.

Le cas de mobbing étant correctement diagnostiqué, l'employeur intime immédiatement à l'auteur, par des instructions écrites, de cesser toute activité illicite et de respecter la personnalité de sa victime. Il doit veiller à ce que l'auteur se conforme scrupuleusement à l'injonction reçue, au demeurant à l'aide des sanctions prévues par le cadre légal applicable (avertissement, blâme, etc.).

Si le droit suisse s'appuie sur le principe d'une obligation de moyens et non de résultats, la jurisprudence du Tribunal fédéral rendue en matière de responsabilité contractuelle en cas d'accident de travail s'achemine vers une obligation de résultat[1]. En effet, l'employeur dispose d'une mesure, dont il peut user en toute légitimité si besoin est, à savoir le licenciement du travailleur qui s'obstine à ne pas se conformer à ses instructions en matière de protection de la personnalité. Ne pas appliquer cette dernière mesure équivaut à ne pas avoir adopté, *in ultima ratio*, la mesure la plus efficace pour protéger son employé, et à cautionner en quelque sorte, volontairement ou involontairement, le maintien de la situation attentatoire.

Quels risques pour l'employeur ?

En cas d'atteinte à la personnalité de l'un de ses employés, et en particulier à sa vie et à sa santé, l'employeur encourt des risques, et non des moindres.

---

1. ATF 4C.161/2000 (28 juil. 2000). Voir également l'ATF 127 III 351, ainsi que pour la question du respect du principe de proportionnalité en matière de licenciement, l'analyse critique de cet arrêt par Dunand, J.-P. in RJN 2002 (recueil de jurisprudence Neuchâtelois), p. 128-135.

© Groupe Eyrolles

Au pénal

Sur le plan pénal, l'employeur a qualité de garant. La jurisprudence du Tribunal fédéral rendue en matière d'accident de travail peut s'appliquer sans difficultés particulières, *mutatis mutandis*, à l'atteinte à la santé physique et psychique du travailleur victime de harcèlement par le fait de l'employeur même ou d'autres employés de l'entreprise. La violation d'obligations découlant de la qualité d'employeur pour les faits de ses auxiliaires pourrait ainsi être sanctionnée, sous l'angle de la commission par omission, par une condamnation pour lésions corporelles graves par négligence (art. 125 al. 2 Code pénal suisse), infraction de résultat poursuivie d'office[1]. La responsabilité pénale de l'employeur trouve ainsi sa place, parallèlement à la responsabilité pénale de l'auteur du mobbing.

La loi sur le travail prévoit également la responsabilité pénale de l'employeur (art. 59 LTr et art. 61 LTr) qui enfreint les prescriptions sur la protection de la santé, qu'il agisse intentionnellement ou par négligence. Sont visées toutes les mauvaises conditions psychosociales de travail qui mettent en danger l'intégrité physique et psychique de son travailleur. La contrainte pénale est subsidiaire à la contrainte administrative, voie qui doit être épuisée en premier lieu. Le Tribunal fédéral a toutefois confirmé l'application en parallèle de la voie pénale et administrative, voire de la voie pénale seule, si les mesures administratives se révèlent d'emblée inopérantes[2].

Au civil

Sur le plan civil, l'employeur responsable de l'inexécution de l'obligation contractuelle qui exige de lui qu'il protège et respecte la personnalité de son travailleur est appelé à réparer le préjudice (dommages et tort moral) qui en découle[3]. Le Tribunal fédéral a retenu que, puisque le mobbing est difficile à prouver, « *il faut savoir admettre son existence sur la base d'un faisceau d'indices convergents[4]* », en allégeant ainsi le fardeau de la preuve pour la victime.

---

1. Voir RJN 2007 p. 151-156.
2. ATF 2A.423/2000.
3. ATF 2C.2/2000, consid. 2.4ss.
4. ATF 2P.207/2002, consid. 4.2.

Concernant le lien de causalité adéquate, il est objectivement prévisible pour l'employeur de savoir qu'un employé confronté à de mauvaises conditions psychosociales de travail encourt le risque d'une surcharge physique et psychique. La faute, en matière contractuelle, étant au surplus présumée, l'employeur négligent n'a que peu de moyens libératoires à faire valoir. En effet, il s'agit d'une responsabilité objective simple. Les faits d'un auxiliaire sont imputables à l'employeur, même s'il ignore le comportement de celui-ci. Ignorer la conduite d'un collaborateur constitue en effet une violation de son triple devoir de diligence, de surveillance et d'instruction[1].

À SAVOIR

L'employeur bénéficie d'une action à l'encontre de son collaborateur auteur d'un harcèlement en réparation du préjudice que lui-même subit (par exemple, le dédommagement consenti à la victime). Peu pratiquée, la mise en œuvre de cette faculté constitue pourtant aussi un moyen de décourager le mobbing en entreprise.

Enfin, lorsque l'atteinte à la santé du travailleur victime de mauvaises conditions de travail justifie l'octroi d'une rente pour invalidité, la loi sur l'assurance invalidité prévoit le recours contre les tiers responsables à concurrence des prestations consenties (art. 72ss LPGA).

L'arsenal légal existant[2] permet donc d'ores et déjà d'appréhender efficacement le problème du mobbing dans le cadre des relations de travail, quel que soit l'âge du collaborateur victime.

---

1. *RJN* 2000, p. 121.
2. *De lege ferenda* : en Suisse (2010) est soumis à l'examen de l'Assemblée fédérale de la Confédération suisse un avant-projet de loi portant modification du Code des obligations (protection en cas de signalement de faits répréhensibles par le travailleur, art. 321 a bis, art. 336 al. 2 let. d, art. 362 al. 1). En matière de stalking, le Conseil des États (Assemblée fédérale) a rejeté le 22 septembre 2010 une motion visant à ériger cette forme de persécution obsessionnelle en infraction pénale. Le Conseil des États a estimé que le droit pénal actuel suffisait pour permettre la poursuite des auteurs pour des infractions de violation de domicile, menaces, abus de moyens de communication, contrainte, etc.

EN PRATIQUE

Dans son Guide d'action par rapport aux facteurs de risques psychosociaux au travail, du 7 mai 2007 (p. 5), Le secrétariat d'État à l'économie (SECO, Suisse) préconise la sensibilisation de l'employeur à prendre les dispositions préventives suivantes :

– Formuler une déclaration de principe dans laquelle l'entreprise déclare qu'elle ne tolérera ni mobbing ni harcèlement sexuel (assortie d'une explication de ce que l'on entend par chacun de ces deux termes).

– Désigner une personne à laquelle le collaborateur peut s'adresser en cas de conflit.

– Définir la marche à suivre en cas de mobbing ou de harcèlement sexuel et s'assurer que les employés savent ce qu'ils peuvent faire concrètement dans un tel cas.

– Informer les collaborateurs des conséquences que peut avoir son comportement pour l'auteur de harcèlement.

– Élaborer des cahiers des charges clairs avec des descriptions de tâches pour tous les collaborateurs de l'entreprise.

– Inscrire les contraintes mentales dans la détermination des dangers.

CHAPITRE 6

Cas pratique : un dispositif anti-harcèlement

Comme nous venons de le voir, l'employeur est tenu de protéger et de respecter la personnalité de ses salariés. Chaque entreprise doit ainsi mener une réflexion sur les moyens à mettre en œuvre en matière de gestion des conflits et de prévention et cessation d'atteinte illicite, dont le harcèlement. Une politique irréprochable de gestion du personnel offre, à long terme, des avantages économiques reconnus pour l'entreprise.

Une entreprise doit donc investir pour limiter la problématique du mobbing. Quel est le dispositif idéal pour répondre au problème du mobbing en entreprise ? Quel niveau d'investissement peut-il rendre ce dispositif efficace ? Il faut ici concilier des dispositifs efficaces et garants d'une réelle impartialité avec des coûts proportionnels aux capacités économiques de l'entreprise.

Il est évident qu'en raison de la complexité du problème, un dispositif efficient de lutte et de prévention devra être composé de plusieurs éléments. Nous en avons identifié au moins trois :

▶ l'employeur lui-même, avec toutes les prérogatives attachées à son rôle et à ses responsabilités ;

▶ un niveau de proximité, constitué de personnes de confiance ;

▶ un niveau d'expertise.

L'articulation entre ces éléments et les procédures qui les sollicitent est décrite en détail dans le cas pratique traité ci-après. Le processus de mise en place du dispositif ne doit pas être négligé. Il nécessite, au moins dans une première phase, un accompagnement spécifique, ainsi que l'intervention d'un évaluateur externe. Un tel dispositif est à géométrie variable suivant la taille de l'entreprise. Une PME pourra s'appuyer sur un dispositif plus simple qu'une administration ou une multinationale.

Le dispositif proposé ci-après, à titre d'exemple, a été présenté en 2003 dans le cadre d'un appel d'offres pour l'adoption d'un dispositif de prévention du harcèlement psychologique et sexuel dans un ensemble d'institutions de soins.

Prévenir le harcèlement : mandat d'expert délégué à la prévention du harcèlement

Vous souhaitez mettre en place d'ici un an un dispositif permettant de prévenir et de prendre en charge la problématique du harcèlement dans des établissements de soins et d'action sociale du canton. Vous êtes à la recherche d'un mandataire indépendant compétent pour concevoir, mettre en œuvre et développer une telle structure. Dans ce but, il s'agira aussi de former et d'encadrer des personnes aptes à la prise en charge de situations de harcèlement psychologique. En particulier, vous avez défini avec précision les rôles, les compétences et les missions d'un expert. Vous privilégiez un expert indépendant, ancré dans le territoire de référence, reconnu pour son expérience des questions de harcèlement psychologique en général et de mobbing en particulier, capable de s'entourer de compétences performantes. Le projet devra être évalué en fonction de critères précis, permettant son évolution et à terme son autonomie.

Le contexte du harcèlement au travail

Cadre conceptuel

Il est fait obligation à l'employeur, privé et public, de respecter et de protéger la personnalité de son travailleur (art. 6 LT et 2 OLTIII, art. 328 CO). Par la personnalité du travailleur, on entend l'ensemble des droits de la personnalité, en général, et ceux plus particuliers ressortant de la relation de travail.

Cette obligation se déploie en deux volets : l'employeur doit s'abstenir de toute atteinte injustifiée aux droits de la personnalité de son travailleur ; il doit protéger son travailleur des atteintes injustifiées de tiers (collègues de travail, supérieurs, subordonnés, tiers extérieurs).

Parmi les atteintes injustifiées, on compte à l'évidence le harcèlement psychologique et le harcèlement sexuel. Or, on observe ces dernières années une augmentation très importante de plaintes pour mobbing, voire une explosion de celles-ci. Fiction ou réalité ?

Lorsqu'on prend la peine de questionner les plaignants sur la définition ou le sens qu'ils donnent à ce terme, on trouvera autant de définitions que de plaignants. En réalité, bien que les cas de mobbing paraissent effectivement relativement nombreux en cette période d'instabilité socio-économique, on tend à les confondre avec bien d'autres situations et phénomènes, tels que le conflit entre personnes, le stress, des inimitiés, une mésentente, des difficultés relationnelles, des cas de souffre-douleur ou de bouc émissaire, du snobisme, un complot, une conduite abusive, etc.

Qui plus est, le mobbing n'est pas la seule forme existante de harcèlement psychologique. Il en existe d'autres comme le « harcèlement-perversion » et le « harcèlement-manipulation », sans oublier le harcèlement sexuel.

Toutes les situations susmentionnées présentent toutefois un élément commun : les plaignants sont en état de mal-être, voire de grande souffrance. Si donc la souffrance est un critère révélateur d'une situation de mobbing, elle n'est pas un indicateur fiable de la réalité de celle-ci. Ce sont d'autres critères qui permettent de procéder à un diagnostic fiable des situations rencontrées.

Dès lors, un employeur soucieux de mettre en place un bon système de prévention et de prise en charge du harcèlement psychologique doit pouvoir en premier lieu être en mesure de démêler le vrai du faux.

Quel est l'enjeu ? Il est important, voire essentiel. En effet, les mesures de protection de la personnalité du collaborateur que l'employeur se doit d'adopter ne sont pas les mêmes lorsqu'il est confronté à un problème de relations conflictuelles, de conduite abusive ou de « harcèlement-perversion », par exemple, qu'en cas de mobbing avéré.

L'employeur doit dès lors savoir que le choix d'une mesure inadéquate et insuffisante, même si elle est prise en toute bonne foi, engagera sa responsabilité contractuelle. Ainsi, si une relation conflictuelle entre employés peut être traitée efficacement par une médiation, un cas de mobbing nécessite d'autres remèdes. Il en va de même d'une grippe, qui peut être soignée avec de l'aspirine (moyen adéquat et suffisant). Une pneumonie grave, en revanche, requiert un traitement bien plus incisif par antibiotiques, voire par un mélange d'antibiotiques selon la gravité du cas (moyen adéquat et suffisant). Traiter une pneumonie par aspirine (moyen insuffisant et inadéquat) engagerait la responsabilité du praticien.

Axes d'intervention

Dès lors, nous considérons qu'un système de prévention efficace en matière de harcèlement psychologique doit s'articuler sur plusieurs axes.

Le *premier axe* est une sensibilisation appuyée de l'employeur et des personnes auxquelles il délègue le pouvoir de direction, sur l'ensemble de la matière (aspects psychologiques et légaux). Par employeur, nous entendons celui à qui reviennent les décisions finales, et qui risque de devoir comparaître en justice le cas échéant.

Le *deuxième axe* correspond à la mise en place d'une filière interne à chaque institution apte à accueillir et à traiter les cas signalés, avec, dans certaines circonstances et en cas de besoin, l'orientation vers des ressources externes. Pour les petites institutions (les établissements médico-sociaux ou EMS, les soins à domicile), il faut prévoir des filières internes communes par groupes d'institutions.

Nous avons conçu une filière qui procédera par *sas progressifs et successifs*, capables d'évaluer les cas qui se présentent et de les résoudre par catégories au fur et à mesure qu'ils se révèlent.

Le *troisième axe* vise la formation de tous les intervenants du dispositif mis en place et le développement des compétences nécessaires pour diagnostiquer et traiter les cas de harcèlement psychologique et les différencier des autres phénomènes.

Le *quatrième axe* est une sensibilisation générale de l'ensemble du personnel.

Le *cinquième axe*, lui, correspond à la prise en charge *finale* par l'employeur d'un cas de harcèlement lorsqu'il est réalisé (mobbing, perversion, manipulation, sexuel). En l'état actuel du droit, l'employeur dispose d'ores et déjà d'un certain nombre de moyens pour affronter ce dernier cas de figure. Nous proposons toutefois *un modèle encore inédit*, qui devrait pouvoir résoudre avec efficacité, et dans le respect des obligations légales applicables, les cas décelés. Une fois la nouveauté du modèle susmentionné considérée, celui-ci devra faire l'objet d'une évaluation et d'une approbation préalable de l'autorité de surveillance en charge du suivi du dossier.

Le sixième et dernier axe vise la mise en place d'une commission externe, indépendante et impartiale, commune à tout le dispositif.

La finalité ultime du dispositif proposé est que l'employeur puisse donner à son personnel un signal clair de sa volonté de prendre en charge la problématique de la protection de la personnalité du salarié en général et du harcèlement psychologique en particulier, tout en préservant, autant que possible, les emplois de la victime comme du harceleur (dont souvent les compétences sont importantes pour un établissement), en reconnaissant toutefois clairement les rôles, et en respectant la dignité de la victime. Peu nombreux, voire inexistants, devraient être les cas, à notre avis, qui ne pourront pas être traités par le dispositif proposé et qui aboutiront à des procédures judiciaires.

Enfin, nous proposons un modèle de *charte d'éthique* qui pourra être discuté et adopté par l'ensemble du personnel de chaque institution.

L'élément primordial pour la réussite et l'efficacité du dispositif proposé est la *confiance* du salarié dans l'employeur.

Le dispositif doit dès lors offrir toutes les garanties nécessaires qu'aucun cas ne sera traité avec partialité ou en fonction d'intérêts autres que le réel souci de résoudre le problème dans le respect du collaborateur. L'efficacité du dispositif choisi permettra de gagner la confiance du personnel, ce qui garantit l'efficacité du dispositif mis en place en sa faveur.

Notre compréhension du mandat

En pratique, notre compréhension de ce mandat s'articule autour de quatre points :

- la vision à long terme de votre projet ;
- notre proposition de dispositif ;
- les critères de réussite ;
- les objectifs de notre proposition.

Vision à long terme

Nous pensons comme vous que la structure doit pouvoir évoluer et devenir autonome. D'ici à trois ans, on pourrait rêver de disposer d'équipes formées, d'un dispositif de base dans chaque institution et uniquement d'une structure externe minimale formée d'une commission externe, appelée *Commission de référence*, composée d'experts pour traiter les situations les plus complexes.

La première année est donc celle pendant laquelle le plus de moyens seraient concentrés. Par la suite, les ressources d'accompagnement seraient réduites. C'est aussi à l'issue de cette première année qu'une évaluation permettant d'orienter le développement du projet doit être produite.

Proposition

Il s'agit d'un système interne à l'institution fonctionnant par paliers.

La loi sur le travail, à laquelle est soumis en matière de protection de la personnalité du salarié autant l'employeur public que l'employeur privé, préconise la mise en place de dispositifs de prévention et la prise en charge des cas signalés, composés de représentants du personnel, choisis par celui-ci, et de représentants de la direction (membres de la direction, ressources humaines ou autre), choisis par celle-ci.

Nous proposons dès lors, la création, pour chaque institution ou par groupes d'institutions, d'une commission paritaire (par services, branches ou départements), que l'on pourrait dénommer *Cellule de confiance*, composée de représentants des salariés et de la direction, dénommés personnes de confiance. *La Cellule de confiance* sera toutefois appelée à intervenir selon le principe des paliers.

Premier palier

Très souvent, les plaintes, même si elles usent (ou abusent) du terme *mobbing*, relèvent en réalité d'autres problématiques (relation conflictuelle, inimitié, malaise, mauvaise organisation du travail, autres).

Un premier sas permettra au travailleur en souffrance de s'adresser en toute confidentialité à l'une des *personnes de confiance*. Il choisira, selon ses affinités, entre *les personnes de confiance* représentant les travailleurs ou celles représentant la direction.

Une bonne écoute, une bonne analyse de la problématique rencontrée, et l'intervention auprès des personnes impliquées dans le problème, pourront aider à résoudre un certain nombre de cas (mésentente, flou dans les directives, inimitié, etc.).

Deuxième palier

Les situations traitées au premier palier peuvent parfois être complexes, exigeant des moyens plus importants pour les résoudre, ou donner à penser qu'il s'agit d'un cas de harcèlement. Les personnes de confiance adressent alors le dossier à *la Cellule de confiance*. Celle-ci est appelée à poser un premier diagnostic. Elle peut s'adresser à *la Commission de référence* si elle a des doutes sur la nature de la situation en question.

Lorsque la situation est complexe (relation conflictuelle, difficultés de communication, mésentente), mais ne relève pas du harcèlement, *la Cellule de confiance* doit avoir toute latitude pour engager une médiation externe (confiée à des professionnels de la médiation) entre les protagonistes. Les frais de médiation sont à la charge de l'employeur, conformément à ses obligations légales[1].

---

1. Pour un aperçu des questions relatives aux liens juridiques qui se nouent entre médiateur, employeurs et parties à la médiation, relatives aux questions de confidentialité, etc. voir Dunand, J.-P., *Le médiateur institué par l'employeur*, éditions Centre de recherche sur les modes amiables et juridictionnels de gestion des conflits (Cemaj), Neuchâtel, 2006 c, pp. 1-15.

Troisième palier

Lorsque *la Cellule de confiance* estime se trouver en présence d'un véritable cas de harcèlement, elle doit le signaler à l'employeur, avec le consentement de la victime présumée. En cas de refus de celle-ci, il doit être attiré à son attention, par écrit confidentiel, que l'employeur ne sera pas en mesure d'intervenir efficacement en sa faveur. Dans ce cas, la *Cellule de confiance* doit pouvoir informer l'employeur, en préservant l'anonymat de la victime, de l'existence d'un cas de harcèlement.

Si l'employeur devait être informé par d'autres moyens de l'existence d'un cas de harcèlement présumé, il doit intervenir d'office et a le droit d'utiliser toutes ses prérogatives d'employeur. Il peut dans un premier temps avertir *les personnes de confiance*, voire *la Cellule de confiance*, afin que la victime présumée soit entendue, et qu'un premier tri des données soit effectué.

En tout état de cause, lorsque l'employeur est informé d'un cas de harcèlement présumé (par plainte ou par d'autres voies), sa première obligation légale consiste à établir *les faits*. Il peut mener une enquête interne (selon un protocole précis et prédéfini), ou confier cette tâche à *la Commission de référence*.

En cas de contestation des résultats de l'enquête interne (par l'employeur, l'auteur ou la victime), l'employeur doit prévoir la vérification des résultats obtenus par *la Commission de référence* (indépendance et impartialité).

En cas de plainte téméraire, les frais engendrés peuvent être répercutés auprès du plaignant.

Quatrième palier

Lorsque la situation examinée se confirme être du harcèlement, il doit être pris en charge par l'employeur, qui a un certain nombre d'options conformes au droit en vigueur (instructions, avertissement, blâme, licenciement, etc.).

L'expérience acquise en matière de mobbing en particulier et de harcèlement en général, s'oriente de plus en plus vers la sanction de l'auteur du harcèlement comme étant le seul remède véritablement efficace, permettant non seulement d'éviter des récidives, mais également de signaler clairement que le mobbing n'est pas toléré dans l'institution.

Dès lors, à ce stade, en lieu et place des différentes options traditionnelles qui s'offrent à l'employeur, nous proposons de traiter le cas sur le modèle d'une « médiation de type pénal », appliqué actuellement en Grande-Bretagne.

Dans ce modèle, il est incontournable et indispensable de reconnaître sans ambiguïtés les rôles tenus par chacun, c'est-à-dire de harceleur et de victime, d'agresseur et d'agressé. Leur statut doit être clair et reconnu.

Dans notre proposition, l'auteur est sanctionné selon un modèle tripartite et concerté qui comporte :

▶ une sanction décidée par la direction ;

▶ une sanction décidée par la victime ;

▶ une sanction décidée par le harceleur.

Le cadre de ces sanctions est fixé en conformité à ce qui peut être fait en droit du travail.

▶ la direction peut prévoir un blâme, une suspension temporaire, une rétention de salaire, la mutation dans un autre service, etc. ;

▶ la victime peut requérir des excuses, le versement d'une somme d'argent à des œuvres de charité, l'obligation pour le harceleur de s'informer sur le harcèlement psychologique, etc. ;

▶ le harceleur peut proposer des excuses, la participation au remboursement des dommages, le versement d'une somme d'argent à une œuvre de charité, etc.

L'élément important dans ce modèle est non seulement la contribution tripartite et concertée qui donne toute sa valeur formelle et humaine à la démarche, mais également la « confrontation » entre auteur et victime dans un cadre structuré, en présence d'un ou deux médiateurs « pénaux » formés à cet exercice spécifique, qui permet non seulement de fixer la sanction et par là de reconnaître les rôles, mais aussi de rétablir un lien relationnel, indispensable pour le processus de réconciliation au sens large.

Aussi paradoxal que cela puisse paraître, l'approche susmentionnée a le mérite de rétablir un lien relationnel entre agresseur et agressé, et de faire appel aux forces de réconciliation et de guérison internes innées de chacun.

La prise en charge de la séance spécifique déterminant les sanctions doit être faite par des personnes formées en la matière. Celles-ci sont également chargées du suivi de l'application des sanctions par les trois parties. En cas de non-respect par l'auteur des sanctions décidées, l'employeur peut faire usage de ses autres prérogatives (avertissement, licenciement).

Ce modèle permet d'éviter en principe le licenciement de l'auteur comme de la victime (si la mutation de l'un ou de l'autre doit toutefois parfois être envisagée, celle de la victime ne doit en aucun cas avoir un goût de sanction, mais être dictée par des motifs impératifs bien expliqués et bien compris par celle-ci).

En cas de position irréconciliable, l'employeur pourrait être amené, en fin de compte, à devoir envisager la dernière solution : le licenciement. En cas de licenciement de la victime, il doit prendre en compte ses responsabilités en matière de réparation du préjudice subi par celle-ci. En effet, dans le cadre des relations régies par le droit public, la jurisprudence admet que, si des intérêts publics (bonne marche du service, prestations efficaces aux usagers des services publics) supérieurs aux intérêts privés de la victime le requièrent, l'employeur peut maintenir en place l'auteur de harcèlement et se séparer de la victime. Ce choix renforce à l'évidence la souffrance de la victime et aiguise son sentiment d'injustice. Une bonne prise en charge de cette question, par une information transparente et étayée ainsi que par la réparation du préjudice subi et une aide pour retrouver un nouvel emploi, permettra d'éviter une action en justice ultérieure de la victime et de l'aider à reconstruire sa personnalité.

Cinquième palier : un complément externe à la filière interne

Une commission externe, appelée *Commission de référence*, commune à toutes les institutions, sera créée. Elle doit répondre aux critères d'indépendance et impartialité. Elle peut intervenir pour aider autant *les Cellules de confiance* internes aux institutions souhaitant un premier avis ou conseil en cas de situation complexe, qu'un employeur appelé à établir les faits par une procédure externe.

La Commission de référence devrait être formée par des experts en droit, harcèlement et psychologie (par exemple, un juge des prud'hommes ou un avocat, un expert en matière d'atteintes à la personnalité et un psychologue).

Il est essentiel en effet, que, devant la complexité de certaines situations, des personnes dotées d'une formation spécifique puissent faire la différence entre une véritable atteinte injustifiée à la personnalité d'un plaignant et un possible usage légitime d'une prérogative de l'employeur. Elles doivent pouvoir reconnaître si un processus donné relève du mobbing, d'une autre forme de harcèlement, ou d'autres cas de figure, et comprendre les enjeux psychologiques entre les protagonistes.

Critères de réussite

Ce projet est ambitieux, car il vise à transformer la prise en charge d'une problématique complexe dans plus de trente institutions, de taille, d'organisation, de financement, de culture (sociale, soins) très différents. Cette transformation doit pouvoir s'opérer avec un budget relativement modeste (155 000 francs suisses, soit 102 000 euros).

L'Autorité de surveillance en charge du suivi du dossier devra prendre en compte plusieurs critères importants pour permettre la réussite du projet :

▶ l'adhésion de la hiérarchie de chaque institution à cette démarche ;

▶ le frein potentiel constitué par d'éventuelles crises institutionnelles ;

▶ la communication du projet auprès des institutions concernées ;

▶ la capacité de l'Autorité de surveillance à suivre le projet, à le promouvoir et à traiter d'éventuelles situations de blocage.

La communication de la mise en place du dispositif est une étape particulièrement importante, car elle envoie un signal fort aux personnes concernées. Cette information pourrait à elle seule avoir l'effet préventif espéré de décourager la mise en œuvre par certains d'une stratégie de mobbing.

Le budget limité ne représente pas pour nous un obstacle majeur. Il constitue au contraire un défi pour proposer des solutions originales, allant rapidement dans le sens d'un transfert de compétences (*empowerment*) des publics cibles. Il s'agit de favoriser la durabilité du projet par la formation de formateurs basés dans des institutions, tout en maintenant une structure permanente de référence et d'expertise.

Objectifs

Notre proposition est construite autour de quatre objectifs, congruents avec la définition des missions de l'expert indépendant :

▶ concevoir un dispositif pour prévenir le harcèlement ;

▶ sensibiliser les publics cibles et former des « personnes-ressources » ;

▶ appuyer la mise en place du dispositif institutionnel dans plusieurs institutions pilotes ;

▶ évaluer la mise en place et en tirer des propositions.

Une structure dynamique

Notre proposition s'articule autour d'un processus idéal de prise en charge des situations de harcèlement. Le modèle préconisé suit le schéma suivant :

– Premier palier :

▶ personnes de confiance (travailleurs) : confidentialité, écoute et solution ;

▶ personnes de confiance (direction) : confidentialité, écoute et solution.

– Deuxième palier :

▶ cellule de confiance : si cas complexe, demande l'avis de la Commission de référence ;

▶ si autre problématique que le harcèlement : écoute et solution, médiation, si besoin.

– Troisième palier : employeur. Si harcèlement présumé, établissement des faits par une procédure interne ou externe (Commission de référence).

– Quatrième palier : employeur. Si harcèlement avéré, traitement du cas par l'usage des prérogatives de l'employeur ou selon le modèle de médiation pénale proposé.

– Cinquième palier : Commission de référence. Elle donne des conseils et avis aux Cellules de confiance et mène des enquêtes externes.

Processus et réalisation

Ce diagramme décrit les processus entre les différents acteurs et liste les documents produits à chaque niveau.

Qui ?	Fait quoi ?	Documents produits
La personne harcelée	Connaît ses droits et devoirs, cherche un avis de confiance	Information, sensibilisation
Les personnes de confiance	Écoutent, établissent un diagnostic initial et résolvent le problème ou signalent la situation à la Cellule de confiance	Critères et procédure
La Cellule de confiance	Établit un premier diagnostic et traite les cas complexes autres que harcèlement et signale le cas à l'employeur	Critères et procédure
L'employeur	Établit les faits, résout le cas	Procédure, recommandations, prise en charge
La Commission de référence	Donne son avis et coordonne l'intervention des experts	Organisation, identification des ressources

Constitution d'une Commission de référence

Cette activité vise à constituer à la fois un savoir et une expérience cantonale pour la prise en charge des problèmes de harcèlement.

Identification des ressources cantonales

Il s'agit de dresser, en collaboration avec l'Autorité de surveillance, un bilan des ressources et des personnes de référence, compétentes pour intervenir dans ce champ spécialisé.

Constitution d'une documentation de référence

Le mandataire veillera à réaliser une base documentaire tant scientifique que pratique, constituée des documents utilisés ou produits.

Sensibilisation et cycle de formation

Sensibilisation générale (public)

▶ Objectif pédagogique : sensibiliser les personnes concernées aux enjeux, aux conséquences des pratiques de harcèlement en milieu professionnel et aux solutions proposées par le projet.
▶ Activités : une « conférence-débat » publique.
▶ Évaluation : par questionnaire au terme de la conférence.

Sensibilisation des employeurs et des cadres

Tout le système nécessite de sensibiliser et de former tous les intervenants, et en premier lieu l'employeur et la hiérarchie de direction. Cette formation aura pour contenu non seulement le harcèlement psychologique, ses définitions, mécanismes et caractéristiques (mobbing, « harcèlement-perversion » ou manipulation), ainsi que les autres phénomènes parents, mais également une approche des dispositions légales applicables, dont le but est la prise de conscience des risques encourus par l'établissement ou l'institution concernée.

▶ Objectif pédagogique : identifier des situations de harcèlement et mettre en place des mesures de prévention et de prise en charge (mise en place des Cellules de confiance, établissement des faits, solution).
▶ Activités : une séance de formation de trois heures.
▶ Évaluation : par questionnaire au terme de la formation et sur la base d'un entretien téléphonique par l'évaluateur.

Formation des « personnes-ressources » et des personnes de confiance

Puis la filière appelée à intervenir de façon pratique dans le dispositif mis en place (personnes de confiance formant la Cellule de confiance) sera formée. L'accent sera mis en particulier sur la compréhension des différentes formes de harcèlement et leur différenciation par rapport aux phénomènes parents, ainsi que la présentation et l'apprentissage des outils nécessaire (protocole de diagnostic, gestion des conflits, etc.).

Pour garantir la pérennité du système et son autonomie, il faudra former des « personnes-ressources » en mesure de former par la suite les personnes de confiance.

▷ Objectifs pédagogiques : au terme de la formation, la « personne-ressource » est compétente pour :

- – animer un atelier avec son équipe sur la thématique du harcèlement ;
- – appuyer la mise en place des personnes de confiance dans l'institution.

▷ Activités : une séance de formation d'une journée, une séance de debriefing d'une demi-journée.

▷ Évaluation : par questionnaire au terme de la formation et sur la base d'un entretien téléphonique par l'évaluateur.

Sensibilisation du personnel

L'ensemble du personnel doit être sensibilisé, afin de pouvoir non seulement se familiariser avec les différentes notions, mais également prêter attention aux conséquences légales que subir ou être auteur de harcèlement peut entraîner. Il y aura lieu également de lui présenter le dispositif mis en place ainsi que tous les renseignements pratiques nécessaires.

Cette sensibilisation sera assurée par les personnes de confiance, avec l'appui de l'expert indépendant, afin de créer un lien interne entre intervenants et utilisateurs.

Enfin, il faudra proposer un modèle de charte éthique qui devra être adopté par l'ensemble du personnel.

Mise en place du dispositif pilote institutionnel

Cette activité constitue l'aboutissement du processus. Elle ne pourra s'opérer dans un premier temps que dans des institutions pilotes, avec l'appui des employeurs et des cadres ayant pleinement adhéré au principe de la formation.

Les interventions prévues sont les suivantes :

▶ visites d'institution avec discussion sur la mise en place du dispositif (évaluer les besoins, établir l'organigramme de l'institution,
partager l'institution en secteurs, procéder à la nomination des
personnes de confiance, etc.) ;

▶ suivi et accompagnement des « personnes-ressources » et des personnes de confiance formées.

Il s'agit donc d'un véritable processus d'apprentissage qui permettra
à la structure de devenir une organisation apprenante.

Une évaluation indépendante

L'évaluation vise à répondre aux questions suivantes :

▶ Le dispositif proposé a-t-il eu un impact (même minimal dans
cette phase de lancement) ?

▶ Quels sont les points forts et les points faibles de ce dispositif et
les potentiels d'amélioration ou de développement ?

▶ Quelle est la notoriété du projet auprès du personnel et des
institutions ?

▶ Les compétences attendues ont-elles été acquises par les personnes de confiance et les personnes-ressources ?

En pratique, l'évaluation peut prendre la forme suivante :

▶ une évaluation par questionnaire des séances de formation ;

▶ une évaluation par téléphone des employeurs sensibilisés ;

▶ une évaluation suite à un rendez-vous avec les employeurs, membres de commission et personnes de confiance des institutions
ayant implanté le projet pilote ;

▶ coaching de l'expert indépendant dans les phases clés du projet.

L'évaluation est confiée à un intervenant externe, en l'occurrence la
société SenS – Solutions en santé (SARL), qui réunit des compétences dans le champ de la formation aux personnels de santé, de
l'évaluation de programmes et d'organisation des systèmes de
santé. Elle comprend trois médecins, spécialistes en santé publique,
et un économiste.

Organisation

Notre proposition s'organiser en termes de :

◗ calendrier ;

◗ ressources estimées pour sa réalisation ;

◗ suivi et communication.

Calendrier

Le projet a été conçu pour se déployer sur une période d'un an, divisée en quatre phases :

◗ 1 : conception et organisation ;

◗ 2 : formation et sensibilisation ;

◗ 3 : implémentation et suivi ;

◗ 4 : évaluation et bilan.

Ressources

Les ressources nécessaires à l'atteinte des objectifs sont constituées par :

◗ le mandataire principal, Gabriella Wennubst ;

◗ les évaluateurs (SenS SARL) ;

◗ le back-office (secrétariat) mis à disposition par le mandataire.

– Le mandataire principal (experte indépendante) : Gabriella Wennubst est licenciée en lettres de l'université de Genève, en droit de l'université de Neuchâtel et avocate indépendante au barreau de Neuchâtel. Son mémoire de licence « Mobbing : le harcèlement psychologique analysé sur le lieu de travail » a été publié par les éditions Réalités Sociales en 1999. Elle poursuit actuellement un doctorat dans le même domaine avec les Professeurs en droit Jean-Philippe Dunand et Olivier Guillod de l'université de Neuchâtel et Gabriel Aubert de l'université de Genève. Elle œuvre depuis de nombreuses années déjà dans ce domaine, dont elle est considérée comme une des spécialistes (expertises privées et judiciaires, avis de droit, cours de formation portant sur les aspects psychologiques et légaux, suivi des procédures judiciaires, liens avec des autres intervenants dans le domaine du harcèlement, séminaires, etc.). Gabriella Wennubst

a élaboré le dispositif de prévention et prise en charge du harcèlement psychologique proposé dans ce document.

– Les évaluateurs : SenS SARL est une société de conseils et
d'expertise en santé publique. Elle conseille les administrations,
les entreprises et les associations pour définir, planifier, réaliser
et évaluer des actions de santé et de formation. Pour résoudre
un problème de santé à l'échelon d'une communauté, mener
une campagne d'information, évaluer un projet, former du personnel, SenS SARL propose les compétences d'une équipe plu-
ridisciplinaire de trois médecins et spécialistes en santé
publique ainsi que d'un économiste, licencié en sciences politiques avec une longue expérience de responsable de programmes.

L'équipe de SenS SARL s'appuie sur les valeurs suivantes :

▶ égalité du droit à la santé ;

▶ respect de la vie et de l'autonomie de chacun ;

▶ action centrée sur les besoins des populations ;

▶ approche scientifique et efficiente des problèmes de santé ;

▶ partage des procédures de connaissance et de décision avec les
principaux intéressés.

– Back-office : le mandataire principal met à disposition une
infrastructure de base (mandataire et secrétaire, c'est-à-dire
deux postes de travail) pour permettre l'organisation du projet
(prises de rendez-vous, coordination), et produire le matériel de
formation et de communication.

Suivi et communication

Nous attendons de pouvoir rendre compte régulièrement à l'Autorité de surveillance pour valider les étapes et les décisions. De notre
point de vue, cette autorité devrait aussi guider la communication
du projet. Par exemple, le mandataire fournit des résultats en fonction des étapes du projet et communique un calendrier des activités,
en particulier des offres de formation. Le groupe d'accompagnement décide de la communication sur le projet et des moyens (Info
santé 21, médias, communiqués, etc.).

C'est grâce à cette organisation et avec ces moyens que nous vous proposons de réaliser votre projet de prévention du harcèlement dans les institutions sociales et de santé du canton de Neuchâtel.

EN PRATIQUE

Glossaire :
– Cellule de confiance : commission paritaire formée par des représentants des travailleurs et de la direction.
– Personne de confiance : représentant des travailleurs et de la direction au sein de la Cellule de confiance.
– Commission de référence : commission externe, impartiale et indépendante, composée d'experts en matière de droit, de harcèlement et de psychologie (par exemple, un juge des prud'hommes ou un avocat, un expert en matière d'atteintes à la personnalité et un psychologue).
– « Personne-ressource » : personne de confiance formée spécialement pour former d'autres personnes de confiance.
– Autorité de surveillance : autorité désignée par le présent appel d'offres comme étant en charge du suivi du dossier et du projet.

CHAPITRE 7

Les termes usités[1] pour mener un diagnostic différentiel

Nous avons vu précédemment que les sources de souffrance au travail, dont le mobbing, sont nombreuses et qu'il est essentiel de les identifier, les différencier et de les diagnostiquer avec précision. L'employeur est tenu en effet par la loi à adopter des mesures adéquates et efficaces pour protéger ses salariés et ces mesures doivent êtres spécifiques à chaque cas concret.

Le petit lexique reproduit ci-dessous a donc pour ambition de guider autant l'employeur que le salarié dans la réflexion qui mène à l'identification correcte de la situation qui le préoccupe, en prenant en compte des éventuels diagnostics différentiels avant d'arrêter celui de mobbing.

© Groupe Eyrolles

_____

1. Sources : *Le Petit Larousse, Le Petit Robert.*

Abus : **Conduites abusives** **Abus de pouvoir** **ou d'autorité**	*Abus* : usage mauvais, excessif ou injuste. *Abus d'autorité* : acte d'un fonctionnaire qui dépasse son droit.
Antagonisme **Antagoniste**	*Antagonisme* : rivalité, lutte entre des personnes, des nations, des doctrines, des groupes sociaux. *Antagoniste* : personne qui est en lutte avec un autre ; adversaire ; ennemi. Adj. Qui agit dans un sens opposé.
Autoritaire **Autoritarisme**	*Autoritaire* : qui impose son pouvoir de manière absolue, qui ne tolère pas la contradiction, l'opposition. *Autoritarisme* : caractère, système autoritaire.
Bizutage **Bizuter**	*Bizut (ou bizuth)* : élève de première année d'une grande école. *Bizuter* : faire subir des brimades à un bizut à son arrivée. *Bizutage* : action de bizuter.
Blâme **Blâmer**	*Blâme* : 1. sanction disciplinaire ; réprimande. 2. jugement défavorable que l'on porte sur le comportement ou les paroles de quelqu'un ; désapprobation, critique, reproche. *Blâmer* : 1. exprimer sa réprobation à l'égard de quelqu'un ou de son comportement ; condamner, réprouver. 2. infliger un blâme à quelqu'un.
Bouc émissaire	Personne rendue responsable de toutes les fautes, de tous les torts (les Juifs expulsaient ainsi un bouc dans le désert après l'avoir chargé de toutes les iniquités du peuple).
Brimades **Brimer**	*Brimade* : épreuve imposée aux nouveaux par les anciens. Mesure vexatoire et inutile. *Brimer* : soumettre à des brimades ; faire subir des vexations ; maltraiter.

Brutal Brutalité Brutaliser	*Brutal* : qui se comporte de manière grossière et violente ; dur, méchant. *Brutalité* : état, défaut de ce qui est brutal. *Brutaliser* : traiter de façon brutale.
Bullying	Harcèlement à connotation physique ; brutaliser, rudoyer, tyranniser quelqu'un par des actes de violence physique.
Burn-out	État d'épuisement.
Cabale	Manœuvre occulte, intrigue : monter une cabale.
Caractères lunatiques	Voir lunatique.
Chicane Chicaner	*Chicane* : 1. querelle de mauvaise foi, sur des détails. 2. artifice dans une procédure. *Chicaner* : se livrer à des chicanes ; ergoter. Faire des reproches mal fondés à quelqu'un ; contester quelque chose avec mauvaise foi.
Coauteur	1. Auteur qui travaille avec un autre à une même œuvre. 2. Droit : personne qui a commis une infraction en participation directe et principale avec d'autres individus, à la différence du complice.
Complice Complicité	*Complice* : 1. droit : qui participe au délit, au crime d'un autre, à la différence du coauteur. 2. qui manifeste une connivence avec quelqu'un. *Complicité* : 1. droit : participation à un crime, à un délit. 2. entente secrète ; connivence.
Complot	Menées secrètes et concertées contre quelqu'un.
Conflit : Relations conflictuelles Conflits de travail	*Conflit* : violente opposition matérielle ou morale. Opposition d'intérêts. *Conflictuel* : relatif à un conflit, à un antagonisme personnel, social, etc.

Conspiration Conspirer	*Conspiration* : action de conspirer, complot. *Conspirer* : préparer clandestinement un acte de violence visant à renverser un régime ou à tuer un homme politique. Préparer un mauvais coup. Conspirer la ruine de quelqu'un.
Critique Critiquer	*Critique* : art de juger une œuvre artistique ou littéraire. Appréciation de la valeur d'un texte. *Blâme* : reproche. *Critiquer* : procéder à une analyse critique. Faire ressortir les défauts des personnes, des choses. Juger défavorablement.
Désobligeant Désobliger	*Désobligeant* : discourtois. *Désobliger* : causer de la peine, de la contrariété à quelqu'un.
Épuiser	Fatiguer à l'excès, affaiblir énormément.
Flash-mob	On observe récemment la naissance en Europe d'un phénomène nouveau, le *flash-mob*, qui consiste en un rendez-vous donné par Internet à des internautes dans le but de se retrouver en un lieu donné, à une heure donnée, afin de faire collectivement une « *performance* » (par exemple, avoir tous un journal avec un trou et regarder par le trou, garder le portable à l'oreille une minute et se laisser tomber par terre tous en même temps à un moment précis, avoir tous une sucette à la bouche, etc.). Si le but est de s'amuser, les spécialistes s'accordent à reconnaître tout le potentiel d'agressivité d'un tel comportement. Et en effet, en Palestine, le *flash-mob* a une connotation bien plus violente et désigne l'organisation de courtes manifestations collectives d'agressivité au cours desquelles de jeunes Palestiniens se retrouvent en foule pour jeter des pierres contre les soldats israéliens.
Gestion abusive du personnel	*Gestion* : action de gérer ; administration. Voir abus.
Grossier Grossièreté	*Grossier* : épais, sans finesse. Qui n'est pas fait avec délicatesse, avec soin. Qui manque d'éducation, de culture. Contraire à la bienséance, à la pudeur (des propos grossiers).

Grossier **Grossièreté *(suite)***	Qui indique de l'ignorance ; rudimentaire, élémentaire (erreur grossière). *Grossièreté :* Caractère de ce qui est grossier, de ce qui manque de finesse. Parole ou acte grossier (dire des grossièretés).
Harcèlement **Harceler**	*Harcèlement :* action de harceler. *Tir de harcèlement,* tir visant à créer un sentiment d'insécurité dans une zone limitée que l'on sait occupée par l'ennemi. *Harceler :* soumettre à des attaques répétées, à des critiques ou moqueries incessantes (harceler l'ennemi).
Harcèlement **psychologique**	Voir mobbing, harcèlement-perversion, mobbing suite à un *whistleblowing,* harcèlement-manipulation et stalking
Harcèlement- **manipulation**	Voir manipulation
Harcèlement- **perversion**	Voir perversion
Harcèlement sexuel	Il existe deux formes de harcèlement sexuel. La forme « *quid pro quo* », c'est-à-dire la menace de préjudice sérieux ou promesses d'avantages professionnels dans le but d'obtenir une faveur sexuelle. La forme créant un climat de travail hostile en empoisonnant le climat par des plaisanteries scabreuses, des remarques obscènes et sexistes, l'affichage d'images pornographiques, des rapprochements non désirés, etc.
Harasser	Fatiguer à l'excès.
Hostile **Hostilité**	*Hostile :* 1. qui manifeste des intentions agressives, qui se conduit en ennemi. 2. qui manifeste de l'hostilité, de la désapprobation. *Hostilité :* 1. sentiment d'inimitié ou d'opposition. 2. opération de guerre ; état de guerre (*reprendre les hostilités*).
Impoli **Impolitesse**	*Impoli :* qui manque de politesse ; discourtois. *Impolitesse :* manque de politesse ; action, parole impolie.

Importunité sexuelle	*Importun* : qui ennuie par ses assiduités, ses demandes, etc., en intervenant mal à propos ; fâcheux. Qui gêne, qui incommode par son action répétée ou hors de propos. *Importuner* : causer du désagrément, de l'ennui, incommoder, ennuyer (importuner quelqu'un de sollicitations). *Importunité* : qui touche à la sphère sexuelle.
Incivil Incivilité	*Incivil* : qui manque de civilité, de politesse, impoli.
Incompétence	Manque de connaissances suffisantes, incapacité. Défaut de compétence.
Inimitié	Sentiment durable d'hostilité, haine, aversion.
Intimidation	*Intimider* : action d'intimider ; menace, pression. *Intimider* : inspirer de la gêne, de l'appréhension ; faire perdre son assurance.
Intrigue	Manœuvre secrète ou déloyale qu'on emploie pour obtenir quelque avantage ou pour nuire à quelqu'un.
Limogeage	*Limogeage* : action de limoger. *Limoger* : priver un officier, un fonctionnaire de son emploi par révocation, déplacement.
Lunatique	Qui a l'humeur changeante, bizarre.
Maladresse Maladroit	*Maladresse* : 1. caractère d'une personne maladroite, de ses gestes, de ce qu'elle réalise. 2. défaut de savoir-faire dans la conduite, dans les actions. 3. action maladroite ; impair. *Maladroit* : 1. qui manque d'adresse, d'aisance dans ses mouvements, ses gestes. 2. qui manque d'expérience, de sûreté pour l'exécution de quelque chose. 3. qui manifeste un manque de diplomatie, de tact, de sens de l'opportunité.
Malentendu	Divergence d'interprétation sur le sens d'une parole, d'une action.
Malfaisance Malfaisant	*Malfaisance* : disposition à faire du mal ; action nuisible. *Malfaisant* : qui fait, qui cause du mal ; nuisible.

Malmener	Traiter brutalement quelqu'un, avec violence, en actions et en paroles.
Maltraiter	Traiter durement, avec violence.
Malveillance **Malveillant**	*Malveillance :* intention de nuire. Disposition d'esprit de celui qui est porté à vouloir du mal à autrui. *Malveillant :* porté à vouloir, à souhaiter du mal à autrui, qui a des intentions hostiles : tenir des propos malveillants à l'égard de quelqu'un.
Manifestations de caractères lunatiques	Voir lunatique
Manipulateur **Manipulation** **Manipuler**	*Manipulateur :* personne qui manipule. *Manipulation :* entre autres, manœuvre destinée à tromper. Manipulation des foules, usage d'une propagande massive quelconque. *Manipuler :* entre autres : diriger à sa guise une personne, un groupe, les amener à faire ce qu'on veut.
Méchanceté **Méchant**	*Méchanceté :* penchant à faire du mal, action, parole méchante. faire, dire des méchancetés. *Méchant :* qui fait le mal sciemment ; qui manifeste de la malveillance.
Médisance **Médire**	*Médisance :* 1. action de médire, de dénigrer. 2. propos de quelqu'un qui médit. *Médire :* tenir des propos malveillants sur quelqu'un ; révéler ses défauts avec l'intention de lui nuire.
Menace **Menacer**	*Menace :* 1. parole, geste, acte par lesquels on exprime la volonté qu'on a de faire du mal à quelqu'un, par lesquels on manifeste sa colère. 2. signe, indice qui laisse prévoir un sujet de crainte, un danger. *Menacer :* 1. chercher à intimider par des menaces. 2. constituer un danger, un sujet de crainte.
Mobbing **Mobbing-call**	En éthologie : *Mobbing :* guerre de harcèlement dans le but d'éloigner un danger (un prédateur, un intrus). *Mobbing-call :* intimidation sonore, houspillage dans le but d'éloigner un prédateur.

Mobbing	Forme de harcèlement : répétition d'actes hostiles par un ou des auteurs tendant à isoler, marginaliser, éloigner ou exclure la victime d'un cercle de relations données, voire à la neutraliser.
Mobbing suite à un whistleblowing	Mobbing qui frappe celui qui a « vendu la mèche » (dénoncé un dysfonctionnement). Voir mobbing et *whistleblowing*
Ostracisme **Ostraciser**	*Ostracisme* : 1. antique Gr. : procédure en usage à Athènes permettant aux membres de l'ecclésia de bannir pour dix ans un homme politique dont ils redoutaient la puissance ou l'ambition. 2. action d'exclure quelqu'un d'un groupe, d'un parti, de le tenir à l'écart. Être frappé d'ostracisme. *Ostraciser* : tenir à l'écart ; isoler.
Outrage **Outrageant** **Outrager**	*Outrage* : 1. grave offense, atteinte à l'honneur, à la dignité de quelqu'un ; affront, injure. 2. droit : parole, geste, menace, etc., par lesquels un individu exprime sciemment son mépris à un dépositaire de l'autorité ou de la force publique et qui constituent une infraction. 3. manquement, atteinte à une règle, un principe. *Outrageant* : qui outrage ; insultant. *Outrager* : offenser vivement ; insulter.
Persécuter **Persécution**	*Persécuter* : 1. opprimer par des mesures tyranniques et cruelles. 2. importuner sans cesse ; harceler quelqu'un, s'acharner sur lui. *Persécution* : action de persécuter.
Pervers **Perversité** **Perversion**	*Pervers* : qui accomplit par plaisir des actes immoraux ou cruels. *Perversité* : caractère d'une personne ou d'une action perverse, méchanceté systématique, dépravation. *Perversion* : action de pervertir, corruption. Psychiatrique **:** recherche du plaisir sexuel en dehors du coït.
Pressions	Entre autres : contrainte exercée sur quelqu'un pour le faire changer d'avis.

Racisme **Raciste**	*Racisme* : idéologie qui affirme la supériorité d'un groupe racial sur les autres, en préconisant, en particulier, la séparation de ceux-ci à l'intérieur d'un pays (ségrégation raciale) ou même en visant à leur élimination (génocide). *Raciste* : qui relève du racisme ; qui fait preuve de racisme.
Représailles	Violences que l'on fait subir à un ennemi pour s'indemniser d'un dommage ou pour se venger.
Réprobation	Jugement par lequel quelqu'un blâme la conduite d'autre.
Reproche **Reprocher**	*Reproche* : ce qu'on dit à quelqu'un pour lui exprimer son mécontentement, sa désapprobation sur son comportement. *Reprocher* : 1. adresser des reproches à quelqu'un en le rendant responsable d'une faute, d'une chose fâcheuse. 2. trouver un défaut à ; critiquer.
Risée	Moquerie collective.
Rivalité **Rivaliser** **Rival**	*Rivalité* : concurrence de personnes qui prétendent à la même chose ; antagonisme. *Rivaliser* : chercher à égaler ou à surpasser quelqu'un ; lutter. *Rival* : opposé à d'autres pour l'obtention d'un avantage ne pouvant revenir qu'à un seul.
Sadique **Sadisme**	*Sadique* : adj. Psychan. Relatif au sadisme. 1. qui fait preuve de sadisme. 2. qui manifeste une méchanceté, une cruauté systématique et gratuite. *Sadisme* : 1. Psychan. Perversion dans laquelle la satisfaction sexuelle ne peut être obtenue qu'en infligeant des souffrances physiques ou morales au partenaire. 2. plaisir à voir souffrir les autres ; cruauté.
Snob **Snober** **Snobisme**	*Snob* : qui fait preuve de snobisme. *Snober* : chercher à s'imposer à quelqu'un par la situation, la facilité de parler, etc., ou à le négliger. *Snobisme* : admiration pour tout ce qui est en vogue, dans les milieux qui passent pour distingués.

Souffre-douleur	Personne qui est continuellement exposée aux tracasseries des autres.
Stakling	De l'anglais, dans le domaine de la chasse : s'approcher furtivement. Persécution obsessionnelle, harcèlement obsessionnel. Le plus souvent le fait de soupirant éconduit ou partenaire faisant face à une rupture amoureuse. Plus rarement l'auteur n'est pas connu de la victime ou appartient à son entourage personnel ou professionnel, mais agit dans l'anonymat. Les personnalités en vue et les personnes travaillant dans les domaines de la santé et de l'éducation sont davantage exposées au risque de persécution obsessionnelle. Risques : le harcèlement obsessionnel peut aboutir à une agression physique ou sexuelle ou à l'homicide de la victime.
Stress **Stressant** **Stresser**	*Stress :* ensemble de perturbations biologiques et psychiques provoquées par une agression quelconque sur un organisme et des réponses de celui-ci. *Stressant :* qui provoque un stress. *Stresser :* provoquer un stress.
Tourment **Tourmenter**	*Tourment :* violente douleur physique ou morale. *Tourmenter :* 1. causer une souffrance morale ou physique à ; torturer. 2. importuner par une insistance excessive ; harceler, persécuter.
Tyran **Tyrannique** **Tyranniser**	*Tyran :* 1. souverain despotique, injuste et cruel. 2. personne qui abuse de son autorité. *Tyrannique :* qui a le caractère de la tyrannie ; despotique. *Tyranniser :* exercer une autorité excessive sur ; opprimer, persécuter (exemple : tyranniser sa famille).
Vexation **Vexatoire** **Vexer**	*Vexation :* action, parole ou situation qui vexe. *Vexatoire :* qui a le caractère de la vexation. *Vexer :* tourmenter. Faire de la peine, blesser quelqu'un dans son amour-propre ; contrarier.
Whistleblower **Whistleblowing**	*Whistle :* sifflement *Whistleblower :* celui qui vend la mèche, qui donne l'alerte, le dénonciateur. *Whistleblowing :* action de vendre la mèche.

CHAPITRE 8

Conseils pratiques, carnet d'adresses et bibliographie

Le but de ce chapitre est d'offrir à l'employeur, aux salariés en état de souffrance et même aux mobbeurs, les premiers conseils pratiques et quelques adresses utiles pour qu'ils puissent être orientés rapidement sur les démarches à entreprendre ou la conduite à tenir afin d'affronter les événements qu'ils sont appelés à vivre dans les meilleures conditions possibles.

Conseils pratiques

Pour l'employeur

Informez-vous en général sur vos droits et sur vos obligations en matière de respect et de protection de la personnalité de vos employés (voir le chapitre 5).

Si l'un de vos travailleurs se plaint de mobbing ou d'autres difficultés ou formes de souffrance, vous êtes tenu à toute une série de démarches : informez-vous auprès d'un conseil spécialisé.

Réagissez rapidement et ne laissez pas la situation se dégrader.

Il est prouvé qu'une entreprise respectueuse de la personnalité de ses employés crée un climat de travail serein, établit des liens de confiance, fidélise ses travailleurs et s'attire les meilleures compétences. Il est dès lors avantageux d'un point de vue économique de veiller à maintenir un climat de travail respectueux (meilleure productivité et baisse de l'absentéisme).

Pour le collaborateur

Prenez dès le premier contrat de travail une assurance protection juridique couvrant les litiges liés au travail (l'argent est le nerf de la guerre).

Ne mélangez pas travail et vie privée et restez très discret avec votre entourage professionnel concernant votre vie privée.

Conformez-vous à vos devoirs de diligence et de fidélité à l'égard de votre employeur.

Évitez d'utiliser les outils de travail à des fins privées (ordinateur, téléphone, etc.) et conformez-vous strictement aux instructions de votre employeur afin d'éviter qu'il vous reproche de passer du temps à des occupations non professionnelles.

Abstenez-vous impérativement d'utiliser les outils de travail à des fins privées dès qu'il y a un problème en entreprise (on n'appelle pas son avocat depuis son lieu de travail et on ne lui envoie pas d'e-mail depuis l'ordinateur professionnel).

En qualité de travailleur, vous avez des droits et des obligations. Il vous appartient de vous informer sur ces deux plans.

Pour le collaborateur qui craint d'être victime de mobbing

Interrogez-vous sur la situation et préparez une chronologie afin, d'une part, de vous aider à clarifier les événements en cours le plus objectivement possible, à prendre une certaine distance psychologique, et à vous orienter éventuellement vers un diagnostic différencié (voir le chapitre 7), et, d'autre part, de préparer le dossier pour les différents intervenants tiers (avocat, aide aux victimes, médecin, psychologue, Tribunal).

Faites un examen de conscience : votre propre conduite peut-elle être à l'origine des difficultés rencontrées ?

L'examen objectif de la situation que vous vivez vous permettra d'évaluer s'il existe des solutions permettant de rétablir des relations normales (changement d'attitude, dialogue, médiation) avec la personne avec laquelle vous êtes en tension. Gardez à l'esprit en revanche que le dialogue est impossible s'il s'agit vraiment d'une forme de harcèlement. Dans ce cas, ne vous épuisez pas dans des tentatives improductives. Gardez une attitude respectueuse à l'encontre du « mobbeur » ; le contraire vous sera reproché.

Dès qu'il y a souffrance au travail, n'attendez pas : réagissez ! Informez-vous sur vos droits et sur vos obligations auprès d'un conseil spécialisé (voir les adresses utiles ci-après). Contactez votre assurance protection juridique. Ces démarches vous aideront à recouvrer un sentiment de dignité.

Parlez-en à votre médecin et à votre entourage familial.

Évaluez vos ressources : support familial et social, ressources financières et psychologiques (voir le chapitre 1).

Identifiez clairement le ou les harceleur(s). Êtes-vous en mesure d'identifier les raisons qui le ou les animent ? Quelle est l'interaction qui a pris place entre vous et votre harceleur ?

Gardez votre calme : toute réaction émotive et intempestive sera utilisée contre vous pour alimenter des reproches d'instabilité mentale ou d'agressivité.

Établissez clairement vos objectifs (rester en entreprise, quitter l'entreprise, etc.).

Tenez, pendant la période où courent les événements, un cahier de bord factuel, en ordre chronologique. Attention, il ne s'agit pas d'un journal intime. Écrivez uniquement les faits. Réservez vos états d'âme pour votre médecin, le psychologue et le cercle familial.

Celui qui allègue un fait doit le prouver : veillez donc à constituer un dossier en recueillant les éléments objectifs de preuve : courriers, e-mails, sms, post-it, petits billets, procès-verbaux de séances ou de réunions, mémos d'appels téléphoniques, résumés du contenu de conversations téléphoniques dûment datés, identité des témoins. Demandez à pouvoir consulter votre dossier personnel auprès du département des Ressources Humaines et faites des photocopies de son contenu ; notez la date du jour où vous l'avez photocopié. Préparez un classeur que vous garderez à la maison et en lieu sûr, et non dans un tiroir au bureau.

Veillez à recueillir des éléments de preuve lorsque vous êtes encore en poste. Après, il sera plus difficile de les rassembler. Or, sans preuves, une éventuelle action en justice a peu de chances d'aboutir.

Évitez de discuter de la situation avec les éventuels témoins : on vous reprochera des tentatives d'influence. Témoigner est une obligation légale, ne vous occupez donc pas de cela et laissez faire votre avocat.

Envoyez vos certificats d'arrêt de travail pour cause de maladie par courrier recommandé, gardez une copie du courrier et dudit certificat et agrafez-y le récépissé de La Poste.

Si vous devez contester des reproches infondés, écrivez par courrier recommandé et gardez-en la copie avec le récépissé d'envoi. Prenez un conseil avisé pour bien vérifier le contenu de votre courrier avant l'envoi. N'agissez jamais à la légère ni sur un coup de tête.

Tôt ou tard, même si vous avez très peur des conséquences, il faudra alerter, par écrit, votre employeur des événements en cours : consultez un spécialiste.

Veillez à garder un équilibre physique et psychique avec des activités qui ont un sens pour vous (exercice physique, loisirs, jardinage, liens sociaux). Même si cela peut s'avérer difficile, c'est vraiment important : aidez-vous et aidez les autres à vous aider.

Veillez à garder les originaux de tous les documents (ne les confiez pas au premier intervenant, mais faites des photocopies) et n'y apportez aucune annotation ou commentaire personnel. Vous pouvez le faire, mais sur des copies ! Les originaux seront, en temps utile, déposés en justice.

Pour le « mobbeur »

Si vous êtes tenté par le mobbing, asseyez-vous et réfléchissez :

▶ quelles sont vos peurs ?

▶ qu'est-ce qui vous motive ?

▶ quels objectifs entendez-vous atteindre en mettant en œuvre cette stratégie ?

▶ ressentez-vous un sentiment d'impuissance à résoudre autrement vos problèmes ?

Réfléchissez au type de dialogue intérieur que vous avez avec vous-même.

Il n'existe jamais une seule solution à un problème, mais de nombreuses solutions différentes (voir les « *coping*-stratégies », chapitres 1 et 3). Pensez « positif ». Évaluez toutes les solutions, éventuellement à l'aide d'un conseil spécialisé (psychologue ou coach).

Évacuez la peur. Il existe toujours un chemin respectueux pour aller vers l'autre. Imaginez votre satisfaction et votre sentiment de bien-être intérieur d'avoir pu atteindre votre but sans faire de mal à personne, mais par une stratégie positive et constructive.

Imaginez-vous concrètement en train de commettre des actes hostiles à l'encontre de votre cible : imaginez le stress que vous allez vous imposer ; visualisez les conséquences que vos agissements malveillants auront sur votre victime ; imaginez-vous à sa place et d'être traité comme vous envisagez de traiter votre victime.

Visualisez votre cible : qui est-elle ? A-t-elle de la famille ? Quelle importance a pour elle son travail, ou son rôle en politique, ou sa réussite à l'école, ou le lien du mariage ?

Prenez conscience des conséquences en droit de vos agissements (voir le chapitre 5).

Prenez conscience qu'on peut réussir dans la vie et en relever les défis en étant entreprenant et actif sans pour autant faire de mobbing.

Adresses utiles

France, en général

Pour des conseils juridiques, il existe des consultations gratuites dans des Centres d'accès au droit et à la justice à Paris et dans certaines grandes villes.

Pour couvrir les frais, il existe une aide juridictionnelle : adressez-vous au greffe des tribunaux ou à l'Ordre des avocats de votre ville.

Consultez un syndicat.

France, en particulier

ACHP
Association Contre le Harcèlement Professionnel
17, rue Albert Bayet
75013 Paris
Tél. : 01 45 83 07 20
http://achp.ifrance.com/
e-mail : achp@ifrance.com

AJC
Association AJC contre la violence morale dans la vie privée
BP 134
78312 Maurepas Cedex
Tél. : 01 30 51 48 56 (permanence téléphonique le jeudi de 10 heures à 17 h 30)
www.ajc-violence.org
e-mail : contact@ajc-violence.org

Association DIRE
Droits Identité Respect de l'Être humain au travail
8, rue Cannebière
75012 Paris
Tél. : 01 43 96 11 10

Contre le harcèlement
BP 52
76302 Sotteville-lès-Rouen
Tél. : 02 35 72 15 15
Fax : 02 35 72 24 24
e-mail : contre-le-harcèlement@wanadoo.fr

HARS
Harcèlement Association de Réflexion et de Soutien
22, rue de Velotte
25000 Besançon
www.mapage.cybercable.fr/hars
e-mail : hars@noos.fr

HMS
Harcèlement Moral Stop
11, rue des Laboureurs
94150 Rungis
Tél. : 06 07 24 35 93
www.hmstop.com
e-mail : courrierhms@aol.com

Mots pour Maux au travail
16, rue des Cailles
67100 Strasbourg
Tél. : 03 88 65 93 88
www.multimania.com/xaumton
e-mail : MOM67@netcourrier.com

Suisse, en général

Pour des conseils juridiques, rendez-vous aux permanences juridiques des Ordres des avocats de votre région ou ville.

Pour les frais, il existe, en cas d'action en justice, une aide judiciaire (consultez votre avocat).

Adressez-vous aux Centres LAVI (Loi fédérale sur l'aide aux victimes d'infractions).

Renseignements et adresses par région : www.aide-aux-victimes.ch.

Consultez un syndicat.

Suisse, en particulier

Rete antimobbing
Via dei Faggi 20
6900 Lugano (TI)
Tél. : 091/971 66 09

Centrale suisse contre le mobbing
Case postale 255
3065 Bollingen
Tél./fax : 031/921 11 09
www.mobbing-zentrale.ch

Italie

Prima
Associazione italiana contro mobbing e stress psicosociale
Via Tolmino 14
40134 Bologna
e-mail : harld.ege@iol.it

Québec

Au bas de l'Échelle
Groupe populaire pour la défense des droits des travailleuses et des travailleurs non syndiqués
Bureau 305
6839 A, rue Drolet
H2S 2TI Montréal
Québec
Tél. : (1) 514/270 78 78

Bibliographie

* Les traductions des textes originaux allemands cités dans le texte sont de l'auteur, Gabriella Wennubst.

Adam, P. (2007)	« Le harcèlement moral dans l'entreprise : cinq ans après la loi de modernisation sociale », Actes de la journée d'étude organisée le 15 décembre 2006 à la Faculté de droit de Nancy », in *Semaine sociale Lamy, supplément n°1315*, 9 juillet 2007.
American Psychiatric Association (1996)	*DSM-IV, manuel diagnostique et statistique des troubles mentaux,* 4ᵉ éd., version internationale, 1995, traduction française par Guelfi, J.-D. et al., Éditions Masson, 1996.
American Psychiatric Association (2008)	*DSM-IV-TR, Cas cliniques (2002),* traduction française par Éditions Elsevier Masson, 2008.
Aubert, G. (1984)	« Quatre cents arrêts sur le contrat de travail », *Collection juridique romande*, Payot, 1984.
Aubert, G. (1991)	« La protection de l'exercice des droits constitutionnels dans le cadre des rapports de travail », in *Présence et actualité de la Constitution dans l'ordre juridique*, mélanges offerts à la Société suisse des juristes pour son congrès 1991 à Genève, Faculté de droit, Genève-Bâle, 1991.

Aubert, G., Guinchard, J.-M., Piccot, M. (2002) — *Harcèlement au travail,* coll. « Le droit du travail en pratique », dirigée par Aubert, G., vol. 22, Schulthess, 2002.

Aubry-Girardin, F. (1994) — Thèse, *Santé et sécurité au travail en droit suisse et européen,* 1994.

Balicco, C. (2001) — *Pour en finir avec le harcèlement psychologique,* Éditions d'Organisation, 2001.

Barbier, Y. (1997) — Manuscrit, 1997.

Berenstein, A. (1990) — « Assurance-accidents et responsabilité civile », in *Droit privé et assurances sociales,* Université Berne, Fribourg, Genève, Lausanne, Neuchâtel, sous la direction de Jean-Louis Duc, Éditions Universitaires Fribourg, 1990.

Bergeret, J. (1996) — *La personnalité normale et pathologique,* Dunod, 1996, 3e éd.

Berthoumieux, C. (2005) — *Vivre après une agression. Comment traverser le miroir de la violence,* Le Souffle d'Or, 2005.

Bettex, B. (2006) — *L'expertise judiciaire. Étude de droit fédéral et de procédure civile vaudoise,* Stämpfli, 2006.

Bianchi, E. (2002) — « Harcèlement au travail : expériences lausannoises », in *Harcèlement au travail,* coll. « Le droit du travail en pratique », dirigée par Aubert, G., vol. 22, pages 27-34, Schulthess, 2002.

Bigler, F. W. (1986) — *Commentaire de la loi sur le travail,* Union Syndicale Suisse, Berne, 1986.

Bigler-Eggenberger, M., Kaufmann, C. (2000) — *Commentaire de la loi sur l'égalité,* Réalités Sociales, 2000.

Bilheran, A. (2006)   *Le harcèlement moral*, Armand Colin, 2006.

Bilheran, A. (2009)   *Harcèlement : famille, institution, entreprise*, Armand Colin, 2009.

Bledniak, E. (2008)   *Santé, hygiène et sécurité au travail. Prévention, responsabilité, contentieux*, Delmas, 2008.

Bouchoux, J.-C. (2009)   *Le pervers narcissique*, Eyrolles, 2009.

Brenneur, B. (2002)   « La médiation judiciaire en droit du travail en France », in *Harcèlement au travail*, coll. « Le droit du travail en pratique », dirigée par Aubert, G., vol. 22, pages 137-149, Schulthess, 2002.

Brinkmann, R. (1995)   *Mobbing, Bullying, Bossing*, I.H. Sauer Verlag Heidelberg, 1995, 1re éd.

Brinkmann, R. (2002)   *Mobbing, Bullying, Bossing*, I.H. Sauer Verlag Heidelberg, 2002, 2e éd.

Brunner, C., Buhler, J.-M., Waeber, J.-B. (1996)   *Commentaire du contrat de travail*, Réalités Sociales, 1996, 2e éd.

Brunner, C., Buhler, J.-M., Waeber, J.-B., Bruchez, C. (2004)   *Commentaire du contrat de travail*, Réalités Sociales, 2004, 3e éd.

Bucher, A. (1995)   *Personnes physiques et protection de la personnalité*, Helbing & Lichtenhahn, 1995, 3e éd.

Bureau fédéral suisse de l'égalité entre femmes et hommes (1997)   « Ça suffit », in *Comment se défendre contre le harcèlement sexuel au travail*, 1997.

Byrne-Sutton, P. (2001)	*Le contrat de travail à temps partiel,* Schulthess, 2001.
Catheline, N., avec la collaboration de Bedin, V. (2008)	*Harcèlement à l'école,* Albin Michel, 2008.
Chevalier, Y. (1988)	*L'antisémitisme,* Éditions du Cerf, 1988.
Choulet, P., Davezies, P., Boulouys, M. (2006)	« Harcèlement moral au travail : ce que dit la loi », in *Santé mentale,* n° 110, pages 25-82, Actes Presse, 2006.
Collectif (1985)	*Schweizerisches Zivilgesetzbuch, Das Obligationenrecht, 2. Teilband, Der Arbeitsvertrag, Art. 319-362 OR,* Bern, (Commentaire bernois), 1985.
Collectif (1992)	*Kommentar zum Schweizerischen Privatrecht, Obligationenrecht I, Art. I-529 OR.,* Basel, (Commentaire bâlois), 1992.
Collectif (1996)	*Kommentar zum Schweizerischen Zivilgesetzbuch, Obligationenrecht, Teilband V. 2c, Der Arbeitsvertrag (Art. 319-362 OR),* Zurich, (Commentaire zurichois), 1996.
Collectif (1995)	*Der Neue Mobbing-Bericht. Erfahrungen und Initiativen, Auswege und Hilfsangebote,* sous la direction de Leymann, H., Éditions RoRoRo Aktuell, Rowohlt Taschenbuch Verlag Gmbh, 1995.
Collectif (2005)	« Le préjudice, une notion en devenir » in *Journée de la responsabilité civile 2004,* sous la direction de Chappuis, C. et Winiger, B., Université de Genève, Schulthess, 2005.
Collectif (2009)	« La pluralité des responsables », *Colloque du droit de la responsabilité civile 2007,* sous la direction de Werro, F., Université de Fribourg, Stämpfli, 2009.

Conne-Perreard, E. (2002)

« Expériences genevoises », in *Harcèlement au Travail, coll. « Le droit du travail en pratique », dirigée par Aubert, G.,* vol. 22, pages 89-105, Schulthess, 2002.

Conseil économique et social (2001)

Le harcèlement moral au travail, Avis du Conseil économique et social : présenté par M. Michel Debout, rapporteur au nom de la section du travail, in *Journal officiel de la République française,* n° 7, 2001.

Corboz, B. (1997)

Les principales infractions, Stämpfli, 1997.

Corboz, B. (2010)

Les infractions en droit suisse, Stämpfli, vol. I, 2010, 3ᵉ éd.

Corboz, B. (2010)

Les infractions en droit suisse, Stämpfli, vol. II, 2010, 3ᵉ éd.

Courcy, F., Brunet, L., Savoie, A. (dir.) (2004)

Violences au travail : diagnostic et prévention. Les presses de l'Université De Montréal, 2004.

Courvoisier, F. (2002)

« La médiation dans les conflits inter-personnels du travail », in *Harcèlement au travail,* coll. « Le droit du travail en pratique », dirigée par Aubert, G., vol. 22, pages 109-134, Schulthess, 2002.

Damiani, C. (1997)

Les victimes. Violences publiques et crimes privés, Bayard Éditions, 1997.

Darima, A. (2008)

Guide pratique pour réussir sa carrière en entreprise. Avec tout le mépris et la cruauté que cette tâche requiert, La Découverte, 2008.

Däubler, W. (1995)

« Mobbing und Arbeitsrechts », in *Betriebs-Berater,* pages 1347-1351, 1995.

Davenport, N., Distler Schwartz, R., Pursell Elliott, G. (2002) — *Mobbing, Emotional Abuse in the American Workplace*, Civil Society Publishing, Ames, 2002, 2ᵉ éd.

Dejours, C. (1998) — *Souffrance en France*, Seuil, 1998.

Déléguée à l'égalité (1997) — *Lutte contre le mobbing et le harcèlement sexuel : l'expérience lausannoise*, Groupe de confiance de la ville de Lausanne, Ville de Lausanne, 1997.

Dervin, Y. (2009) — *Ils m'ont détruit. Le rouleau compresseur de France Télécom*, Michel Lafon, 2009.

Dieball, H. (1996) — « Mobbing und Arbeitsrechts », in *Betriebs-Berater*, pages 481-483, 1996.

Diehl, B., Doublet, G. (2010) — *Orange: le déchirement. France Télécom ou la dérive du management*, Gallimard, 2010.

Diergarten, E. (1994) — *Mobbing: wenn der Arbeitsalltag zum Alptraum wird... : von Tätern und Opfern, Schuld und Mitverantwortung*, Bund-Verlag, 1994.

Ducret, V. (2001) — *Pour une entreprise sans harcèlement sexuel, un guide pratique*, Georg Editeur, 2001.

Ducret, V. (2010) — *Qui a peur du harcèlement sexuel ? Des femmes témoignent*, Georg Editeur, 2010.

Dunand, J.-P. (2002) — « Analyse critique : L'atteinte à la personnalité d'un collègue de travail comme juste motif de licenciement immédiat (analyse critique de l'ATF 127 III 351, rendu dans une affaire neuchâteloise) », in *RJN 2002*, pages 128-135, 2002.

Dunand, J.-P. (2003) — « La jurisprudence de la Cour de cassation civile neuchâteloise en matière de licenciement abusif (art. 336 à 336b CO) », in *RJN 2003*, pages 51-90, 2003.

Dunand, J.-P. (2004)   « Internet au lieu de travail », in *CEDIDAC, Travaux de la journée d'étude organisée à l'Université de Lausanne le 12 mai 2004*, pages 1-35, 2004.

Dunand, J.-P. (2006a)   « Le harcèlement psychologique (mobbing) en droit privé suisse du travail », in *RJN 2006*, pages 13-45, 2006.

Dunand, J.-P. (2006b)   « La jurisprudence récente en matière de mobbing », in *Journée de formation continue: la nouvelle loi sur le Tribunal fédéral: questions choisies de droit privé: pour les avocats, notaires magistrats et juristes de l'administration*, F. 1-5, Université de Neuchâtel, 2006.

Dunand, J.-P. (2006c)   *Le médiateur institué par l'employeur*, Éditions Centre de recherche sur les modes amiables et juridictionnels de gestion des conflits (cemaj), Neuchâtel, pages 1-15, 2006.

Dunand, J.-P. (2007a)   « La "prédisposition constitutionnelle" de la victime d'un harcèlement psychologique (*mobbing*), commentaire de l'arrêt du Tribunal Fédéral, 1re Cour civile, du 20 mars 2006, recours en réforme (4C.320/2005, consid. 2.5) », in *Arbeitsrecht : Zeitschrift für Arbeitsrecht und Arbeitslosenversicherung ARV/DTA*, 2007.

Dunand, J.-P. (2007b)   « Le harcèlement psychologique en droit suisse », actes de la journée d'étude organisée le 15 décembre 2006 à la Faculté de droit de Nancy », in *Semaine sociale Lamy*, supplément n° 1315, 9 juillet 2007.

Dunand, J.-P. (2008a)   « La réparation du tort moral du travailleur par l'employeur », in *Mélanges en l'honneur de Pierre Tercier*, Schulthess, 2008.

Dunand, J.-P. (2008b) « Les devoirs et la responsabilité de l'employeur en matière de protection de la personnalité et de la santé psychique des travailleurs », in *Santé et travail*, pages. 99-119, 2008.

Eckardt, J.-J. (2006) *Mobbing bei Kindern : erkennen, helfen, vorbeugen*, Éditions Urania, 2006.

Eliacheff, C., Soulez Lariviere, D. (2007) *Le temps des victimes*, Albin Michel, 2007.

Engel, P. (1992) *Contrats de droit suisse*, Stämpfli, 1992.

Engel, P. (1997) *Traité des obligations en droit suisse*, Stämpfli, 1997, 2ᵉ éd.

Erkert, A. (2005) *Schikanen unter Kindern: erkennen, benennen, eindämmen und vorbeugen*, Lambertus, 2005.

Eiguer, A. (1996) *Le pervers narcissique et son complice*, Dunod, 1996, 2ᵉ éd.

Favre, C., Pellet, M., Stoudmann, P. (2007) *Code pénal annoté*, Edition Bis et Ter, 2007.

FF 1960 II 885ss *Message du Conseil fédéral concernant un projet de loi sur le travail dans l'industrie, artisanat et commerce.*

FF 1967 II 249ss *Message du Conseil fédéral concernant le projet de révision du contrat de travail.*

FF 1993 I 1163ss *Message du Conseil fédéral sur le projet de loi sur l'égalité entre femmes et hommes.*

Fontette (de), F. (1984) *Sociologie de l'antisémitisme*, coll. « Que sais-je », Presses Universitaires de France, 1984.

Fromaigeat, D., Wennubst, G. (2000) *Souffrances psychologiques au travail*, Fondation Suisse pour la promotion de la santé, OCIRT, 2000.

Fromm, E. (1973)   *La passion de détruire. Anatomie de la destructivité humaine*, Robert Laffont, 1973.

Fuchs, H., Huber, A. (2009)   *Bossing - Wenn des Chef mobbt: Strategien gegen des Psychokrieg*, Éditions Kreuz, 2009.

Gava, M.-J. (2002)   *Le harcèlement moral : comment s'en sortir*, coll. « Développement personnel », Prat Éditions, 2002.

Gebauer, K. (2005)   *Mobbing in der Schule*, Éditions Walter, 2005.

Geiser, T., Von Kaenel, A., Wyler, R. (2005)   *Loi sur le travail, Commentaire Stämpfli*, Stämpfli, 2005.

Ghelew, A., Ramelet, O., Ritter, J.-B. (1992)   *Commentaire de la loi sur l'assurance-accidents (LAA)*, Réalités Sociales, 1992.

Gillioz, F. (1994)   « Hygiène et protection des travailleurs », in *Guide pratique du droit du travail dans les entreprises*, Weka, 1994.

Gloor, W. (1994a)   « Protection de la personnalité du travailleur », in *Guide pratique du droit du travail dans les entreprises*, Weka, 1994.

Gloor, W. (1994b)   « Le harcèlement sexuel au travail », in *Guide pratique du droit du travail dans les entreprises*, Weka, 1994.

Gralka, P. (1995)   « Mobbing und Arbeitsrechts », in *Betriebs-Berater*, pages 2651-2655, 1995.

Gross, C. (1989)   *Notions de responsabilité civile*, Éditions de la Société suisse des employés de commerce, 1989.

Guy-Ecabert, C. (2002)
Thèse, *Procédure administrative et médiation. Inscription d'un modèle procédural de médiation dans un contexte en mutation*, 2002.

Habermas, J. (1986)
Morale et communication, Éditions du Cerf, 1986.

Hardmeier, B. (1986)
Les syndicats en Suisse, Centrale Suisse d'éducation ouvrière, 1986.

Heinemann, P.-P. (1972)
Mobbning, Ed. Natur och Kultur, Stockholm, 1972.

Hirigoyen, M.-F. (1998)
Le harcèlement moral, la violence perverse au quotidien, La Découverte et Syros, 1998.

Hirigoyen, M.-F. (2001)
Malaise dans le travail, harcèlement moral, démêler le vrai du faux, La Découverte et Syros, 2001.

Hirigoyen, M.-F. (2002)
« Harcèlement et conflits de travail », in *Harcèlement au travail*, coll. « Le droit du travail en pratique », dirigée par Aubert, G. vol. 22, pages 9-25, Schulthess, 2002.

Hurtado Pozo, J. (1991)
Droit pénal, partie spéciale : infractions contre la vie et l'intégrité corporelle, Éditions Universitaires, Fribourg, 1991, 2e éd.

IRAL (Institut de Recherche sur le droit de la responsabilité civile et des assurances) (1990)
Les nouvelles dispositions du CO en matière de résiliation du contrat de travail – la révision de la loi sur le travail, 1990.

Künzi, G., Vicario, A., Künzi, D., Jeandet, C. (2006)
Harcèlement sur le lieu de travail. L'entreprise en question, Presses Polytechniques et universitaires romandes, 2006.

Lempen, K. (2006)   *Le harcèlement sexuel sur le lieu de travail et la respon-sabilité civile de l'employeur. Le droit suisse à la lumière de la critique juridique féministe et de l'expérience états-unienne,* Schulthess, 2006.

Leymann, H. (1993)   *Psychoterror am Arbeitsplatz und wie man sich dagegen wehren kann,* Éditions Rowohlt, 1993. Traduction du texte alle-mand cité par G. Wennubst.

Leymann, H. (1996)   *Mobbing, la persécution au travail,* Seuil, 1996.

Leymann, H. (2000)   *Psychoterror am Arbeitsplatz und wie man sich dagegen wehren kann,* Éditions RoRoRo Aktuell, Rowohlt Taschenbuch Verlag Gmbh, 2000.

Leymann, H., Niedl,   Mobbing, Psychoterror am Arbeitsplatz. Ein
K. (1994)   Ratgeber für Betroffene, Verlag des Österreichis-chen Gewerkschaftsbundes (ÖGB), 1994.

Logoz, P. (1976)   *Commentaire du code pénal suisse, partie générale,* Éditions Délachaux et Niestlé SA, 1976.

Lopez, G. (1997)   *Victimologie,* Dalloz, 1997.

Lorenz, K. (1969)   *L'agression, une histoire naturelle du mal,* Flamma-rion, 1969.

Lorenz, K. (1977)   *L'agression, une histoire naturelle du mal,* Flamma-rion, 1977.

Lorenz, K. (1983)   *L'agression, une histoire naturelle du mal,* Flamma-rion, 1983.

Lorenz, K. (1994)   *Trois essais sur le comportement animal et humain : les leçons de l'évolution de la théorie du comportement,* Le Seuil, 1994.

Mahon, P. (1984)   *Réglementation du travail*, Presses polytechniques Romandes, 1984.

Mahon, P. (1994)   « Le statut des fonctionnaires fédéraux entre révision partielle et révision totale », in *Le Travail et le droit*, Universités Berne, Fribourg, Genève, Lausanne, Neuchâtel, sous la direction de Jean-Louis Duc, Éditions Universitaires Fribourg, 1994.

Maillard, A. (2007)   « Le harcèlement psychologique ou mobbing », in *Questions de droit*, n° 48, pages 3-6, 2007.

Martinel, A. (2008)   « Harcèlement moral et contrôle de la Cour de cassation », in *Semaine sociale Lamy*, n° 1368, pages 5-9, 29 septembre 2008.

Meier, P., Piottet, D. (2008)   « Le nouvel art. 28b CC : plus efficace, plus complexe ? », in *Mélanges en l'honneur de Pierre Tercier*, Schulthess, 2008.

Meyer, J. (1994)   « Le régime disciplinaire dans l'administration et dans l'entreprise privée (droit suisse et droit français) », in *Le Travail et le droit*, Universités Berne, Fribourg, Genève, Lausanne, Neuchâtel, sous la direction de Jean-Louis Duc, Éditions Universitaires Fribourg, 1994.

Meylan, J.-H. (1990)   « Résiliation du contrat de travail et suspension du droit aux indemnités de chômage », in *Droit privé et assurances sociales*, Universités Berne, Fribourg, Genève, Lausanne, Neuchâtel, sous la direction de Jean-Louis Duc, Éditions Universitaires Fribourg, 1990.

Molinier, P. (2008)   *Les enjeux psychiques du travail*, Payot & Rivages, 2008.

Morand, C. (1996)   *Le certificat de travail*, Éditions d'En bas, 1996.

Munoz, C. (1990) « Droit du contrat de travail et droit des assurances sociales », in *Droit privé et assurances sociales*, Universités Berne, Fribourg, Genève, Lausanne, Neuchâtel, sous la direction de Jean-Louis Duc, Éditions Universitaires Fribourg, 1990.

Nazare-Aga, I. (1997) *Les manipulateurs sont parmi nous*, Éditions de l'Homme, 1997.

Neuberger, O. (1999) *Mobbing. Übel mitspielen in Organisationen*, Rainer Hampp Verlag, 1999.

Nicholson, E. M. (1927) *How Birds Live*, Williams and Norgate, London, 1927.

Nicolai, J. (1974) *Les oiseaux. Recherches sur leurs comportements*, introduction de Konrad Lorenz, Hatier, 1974.

Nothomb, A. (1999) *Stupeur et tremblements*, Albin Michel, 1999.

Olweus, D. (1986) *Mobbning*, Éditions Liber, Stockholm, 1986.

Orpinas, P. M., Horne A. (2006) *Bullying prevention: creating a positive school climate and developing social competence*, American Psychological Association, 2006.

Picot, J. (1994) « La hiérarchie des sources du droit du travail et leur coordination », in *Guide pratique du droit du travail dans les entreprises*, Weka, 1994.

Prigent, Y. (2007) *Face au harcèlement moral : approche clinique et psychométrique, manuel de diagnostic, prévention et conduite à tenir*, Desclée de Brouwe, 2007.

Ramaut, D. (2006) *Journal d'un médecin du travail. La Souffrance au travail*, J'ai lu. 2006.

Ravisy, P. (2000) *Le harcèlement moral au travail*, Delmas Express, 2000.

Ravisy, P. (2004)	*Le harcèlement moral au travail*, Delmas Express, 2004, 3e éd.
Ravisy, P. (2007)	*Le harcèlement moral au travail*, Delmas Express, 2007, 4e éd.
Rehbinder, M. (1997)	« Psychoterror am Arbeitsplatz – Mobbing und Bossing und das Arbeitsrecht », in *Gewalt in der Kleingruppe und das Recht. Schriften zur Rechtspsychologie, Herausgegeben von M. Cruter und M. Rehbinder*, Stämpfli, 1997.
Rehbinder, M., Kranz, A. (1996)	« Psychoterror am Arbeitsplatz, Mobbing und Bossing und das Arbeitsrecht », in *ArbR, 1996*.
Reith, B. (2002)	« Le harcèlement au travail, vu du cabinet d'un psychiatre praticien », in *Harcèlement au travail*, coll. « Le droit du travail en pratique », dirigée par Aubert, G., vol. 22, pages 27-34, Schulthess, 2002.
Ripert, J., Ripert, P. (2010)	*L'essentiel sur les prud'hommes*, Ellipses, 2010.
Ross, G. (1986)	*Les assurances contre les accidents*, Éditions de la Société suisse des employés de commerce, 1986.
Saillen, A.-L. (1981)	Thèse, *La protection de la personnalité du travailleur au sens de l'article 328/1 CO*, 1981.
Saillen, A.-L. (1994)	« Harcèlement Sexuel en droit pénal et privé suisse », in *Le Travail et le droit*, Universités Berne, Fribourg, Genève, Lausanne, Neuchâtel, sous la direction de Jean-Louis Duc, Éditions Universitaires Fribourg, 1994.
Sartre, J.-P. (1947)	*Huis clos*, Gallimard, 1947.

Schupbach, K., Torre   *Mobbing : verstehen, überwinden, vermeiden : ein*
R. (1996)   *Leitfaden für Führungskräfte und Personalverantwort-*
                       liche, Kaufmännischer Verband ZH, 1996. *Traduc-*
                       tion du texte allemand cité par G. Wennubst.

Scyboz/Gillieron, Scy- *Code civil Suisse et code des obligations annotés,* Hel-
boz/Braconi (2008)   bing Lichtenhahn, 2008, 8ᵉ éd.

SECO (Secrétariat   *Mobbing et autres tensions psychosociales sur le lieu de*
d'Etat à l'économie)   *travail en Suisse. Rapport de la première étude natio-*
(2003)   *nale sur le harcèlement psychologique,* SECO Publica-
                       tions, 2003.

SECO (Secrétariat   *Mobbing : description et aspects légaux,* SECO Publi-
d'Etat à l'économie)   cations, 2004.
(2004)

Servan-Schreiber, D.   *Guérir le stress, l'anxiété et la dépression sans médica-*
(2003)   *ments ni psychanalyse,* Robert Laffont, 2003.

Talaouit, V. avec Nico- *Ils ont failli me tuer,* Flammarion, 2010.
las, B. (2010)

Télévision Suisse   « Mobbing », in *Pas de problème,* diffusé le 9 novem-
romande 1   bre 1995.

Télévision suisse   « Mobbing », in *Temps présent,* diffusé le 28 novem-
romande 1   bre 1996.

Télévision suisse   « Mobbing », in *Fax,* diffusé le 2 avril 1998.
italienne 1

Télévision suisse   « La symphonie animale », in *Doc nature,* diffusé le
romande 1   4 novembre 2006.

Télévision suisse   « Whistleblowing », in *Du côté des "anges",* docu-
romande 2   mentaire, France 2007, diffusé le 28 octobre 2007.

© Groupe Eyrolles

Tercier, P. (1984a)   *Le nouveau droit de la personnalité*, Schulthess, 1984.

Tercier, P. (1984b)   « L'évolution récente de la réparation du tort moral dans la responsabilité civile et l'assurance-accident », in *Revue Suisse de Jurisprudence, (RSJ/ SJ7)*, pages 53 et suivantes, 1984.

Tercier, P. (1995)   *Les contrats spéciaux*, Schulthess « Polygraphischen Verlag », 1995, 2ᵉ éd.

Tercier, P., Favre P. G. (2009)   *Les contrats spéciaux*, Schulthess Éditions romandes, 2009, 4ᵉ éd.

Thevenaz, A. (2008)   « La déclaration de renonciation à se prévaloir de la prescription », in *Mélanges en l'honneur de Pierre Tercier*, Schulthess, 2008.

Todorov, T. (1989)   *Nous et les autres. La réflexion française sur la diversité humaine*, Le Seuil, 1989.

Toïhen, H. (2005)   *Mobbing en poudres*, Éditions Riscos d'Agua, 2005.

Trémeur, M. (2008)   *Fonction publique : prévenir et gérer le harcèlement moral et sexuel*, Éditions Papyrus, 2008.

Tschudi, H.-P. (1987)   *La protection des travailleurs en droit suisse*, Union syndicale suisse, 1987.

Voegeli, N. C. (1996)   Thèse, *Sexuelle Belästigung am Arbeitsplatz im privat-rechtlichen Arbeitsverhältnis*, 1996.

Waeber, J.-B. (1998)   « Le mobbing ou harcèlement psychologique au travail, quelles solutions ? », in *AJP/PJA, 7/98*, pages 792-796, 1998.

Waeber, J.-B. (2002a)   « Art. 328 CO, protection de la personnalité du travailleur », in *Plädoyer, n°2/2002*.

Waeber, J.-B. (2002b)   « La protection de la personnalité dans les rapports de travail », in *Harcèlement au travail*, coll. « Le droit du travail en pratique », dirigée par Aubert, G., vol. 22, pages 27-34, Schulthess, 2002.

Waeber, J.-B. (2008)   «Le mobbing», in *L'expertise médicale 2002-2008*, vol. 3, pages 47-65, Éditions Médecine & Hygiène, 2008.

Walter, H. (1993)   *Mobbing : Kleinkrieg am Arbeitsplatz : Konflikte erkennen, offenlegen und lösen*, Frankfurt am Mein, New York, Campus Verlag, 1993. *Traduction du texte allemand cité par G. Wennubst.*

WEKA (1994)   *Guide pratique du droit du travail dans les entreprises*, Éditions Weka, 1994.

Wennubst, G. (1999)   *Mobbing ou harcèlement psychologique analysé sur le lieu de travail*, Réalités sociales, 1999.

Wennubst, G. (2004)   « Mobbing, Thème choisi : la définition », in *CEDP, cahier n° 1*, 2004.

Wennubst, G. (2007)   *Mobbing ou harcèlement psychologique analysé sur le lieu de travail*, CEDP, 2007.

Werro, F. (2005)   *La responsabilité civile*, Stämpfli, 2005.

Willimann, M. (1997)   « Handlungsempfehlungen zur Prävention und Bewältigung von Mobbingfällen », in B*etrieben/Titel des Heftes : Mobbing : wie gehe ich damit um ? Wie beuge ich vor*, (Freiburg i. Ue) : (s.n.), 1997. *Traduction du texte allemand cité par G. Wennubst.*

Wyler, R. (2002)   *Droit du travail*, Stämpfli, 2002.

Wyler, R. (2009) — « La responsabilité personnelle de l'organe en droit du travail », in *De lege nogotiorum, Etudes autour du droit des affaires en l'honneur du professeur François Chaudet*, contributions réunies par Juan Carlos Landrove, Éditions Slatkine, 2009.

Zapf, D. (1999) — « Organizational, work group related and personal causes of mobbing/bullying at work », in *International Journal of Manpower*, vol. 20, 1999.

Zapf, D. (2000) — « Mobbing, eine extreme Form sozialer Belastungen in Organisationen », in Mushal H.-P. et Eisenhauer, T., *Psychologie der Arbeitssicherheit*, pages 142-149, 2000.

Zuschlag, B. (1994) — *Mobbing : Schikane am Arbeitsplatz : erfolgreiche Mobbing – Abwehr durch systematische Ursachenanalyse*, Verlag für Angewandte Psychologie, 1994. *Traduction du texte allemand cité par G. Wennubst.*

Abréviations

ArbR : Mitteilungen des Instituts für Schweizerisches Arbeitsrecht, Berne.

ARV/DTA : Arbeitsrecht und Arbeitslosenversicherung, Mitteilungsblatt des Staatssekretariates für Wirtschaft (SECO), Berne.

ATF : arrêt du Tribunal fédéral suisse.

art. : article.

CC : Code fédéral civil suisse du 10 décembre 1907, RS 210.

CCT : Convention collective de travail.

CF : Conseil fédéral suisse.

CO : Code fédéral suisse des obligations du 30 mars 1911, RS 220.

CPS : Code fédéral pénal suisse du 21 décembre 1937, RS 311.

Cst. : Constitution fédérale de la Confédération suisse du 18 avril 1999.

FF : Feuille fédérale officielle suisse.

JAAC : Jurisprudence des autorités administratives de la Confédération suisse.

JAR : Jahrbuch des Schweizerischen Arbeitsrecht, Berne.

JT ou JdT : *Journal des Tribunaux*, Lausanne.

L : Loi.

LAI : Loi fédérale suisse du 19 juin 1959 sur l'assurance-invalidité, RS 831.20.

LEg : Loi fédérale suisse sur l'égalité entre femmes et hommes du 24 mars 1995, RS 151.1.

LPD : Loi fédérale suisse sur la protection des données du 19 juin 1992, RS 235.1

LPGA : Loi fédérale suisse du 6 octobre 2000 sur la partie générale du droit des assurances sociales, RS 830.1.

LTr : Loi fédérale suisse du 13 mars 1964 sur le travail dans l'industrie, l'artisanat et le commerce, RS 822.11.

O : Ordonnance.

OLT : Ordonnance relative à la loi sur le travail (LTr).

OPA : Ordonnance sur la prévention des accidents et des maladies professionnelles, du 19 décembre 1983 (RS 832.30).

RJN : *Recueil de jurisprudence neuchâteloise.*

RS : Recueil systématique du droit fédéral suisse.

RSJ : *Revue suisse de jurisprudence.*

SJ : *La Semaine judiciaire*, Genève.

TF : Tribunal fédéral suisse.

Index